# 現代消費経済論

関谷喜三郎 ［編著］

創 成 社

# はしがき

　本書は，日本の経済社会が当面する問題を消費活動の視点から考察するものである。消費活動は時代と共に変化していくが，それは，マクロ経済の変化と密接に関係している。経済の成長は，所得の増加を通じて消費生活の向上を促す。また，消費活動は社会構造の変化とも関係している。少子高齢化という形での人口構造の変化が消費社会に及ぼす影響は大きい。高齢者の増加は，そこに新たな消費フロンティアを形成することにより，消費の動きを変化させていく。本書はさまざまな領域について，こうした社会の変化と消費の関係を経済学の視点から分析している。その意味で，本書の各章で展開される消費経済の分析は，文字通り「現代消費経済論」といえる。

　さらに，本書の特徴の一つは，芸術・文化活動と消費経済との関係について考察している点にある。現在，各地において「まちづくり」の活動が活発化している。人口減少にともなう都市の衰退を食い止め，過疎化する街を再生するためのプロジェクトが展開されつつあるが，そこでは，芸術と消費の関係が注目されている。さまざまな有形・無形の文化財や芸術作品，芸術活動が経済活動と密接に関連している。本書では，消費経済分析の視点から，アート活動による都市再生の意味を考える。

　本書は，全体として14章で構成されており，各章において経済社会の変化と消費の関係が分析され，それを通じて現代社会が当面する問題が平易に解説されている。

　第1章では，マクロ経済における消費の位置づけが示されている。それによって，経済活動の安定的な拡大にとって消費がいかに重要であるかを理解することができる。さらに，戦後日本におけるマクロ経済の推移と消費の変遷を簡潔に整理している。

　第2章では，戦後の経済成長を支えた要因の一つが安定的な消費の増加にあったことを説明する。さらに，消費の安定的な増加を支えた要因として，日本の長期雇用慣行にもとづく賃金構造に注目する必要があることを説明している。

　第3章では，2000年以降，長期にわたり消費需要が低迷する原因が労働市場における長期雇用慣行の変容にあることを検証する。低成長のもとで，年功序列賃金の慣行が変化するとともに，非正規雇用者が増加している。こうしたことが家計の所得を低下させ，結果として消費需要を低迷させることを説明している。

　第4章では，デジタル化時代の消費の最先端にいるZ世代の若者の消費活動に注目し，その実態を解明することで，新たな時代の消費の特徴を説明している。そこでは，消費がモノや量からコトや質へと変化していることを考察している。

　第5章では，若者の対極に位置する高齢者の消費活動を考察する。超高齢化時代を迎えた現在における高齢者の活動を高齢者雇用と高齢者消費の2つの側面からみていく。

　第6章では，女性の経済活動に焦点を当てる。女性の就業率の上昇は経済の活性化に大きな効果を持つが，現在でも女性が働く上で多くの制約がある。ここでは，その実態を平易に解説している。さらに，女性の就業増加が消費の増加に及ぼす効果に注目する。

　第7章では，有形，無形の文化資本を消費活動の観点から再評価する。文化資本は，ソーシャルキャピタルとしての側面も持っている。多くの事例をあげて，それらがまちづくりや都市の再生に役立つことをわかりやすく解説している。

　第8章では，製造業の海外移転による産業の空洞化を文化産業の発展が代替する側面に注目する。そこでは，都市の発展に果たす芸術・文化の役割に着目し，文化クラスターを通じた文化都市の創造が新たな消費経済の繁栄をもたらす効果を考察する。

　第9章では，文化と消費の関係を考察する。そこでは，これまで経済活動とは直接の関わりが薄いと思われていた文化・芸術の世界が人々の消費活動と関連を持つことに注目する。文化・芸術は人々の生活を彩るだけでなく，経済的効果もあることを指摘する。

　第10章では，現代においては，消費活動の中に消費者と生産者が商品価値を共創する関係が生じていることを指摘する。本章では，それをプロシューマーという用語を用いて説明している。さらに，消費者が素材を自分なりに使いこなすことで消費に新たな意味を生み出す現象を意味するブリコラージュという用語を用いて，消費活動の新たな側面を解説している。

　第11章では，経済活動が生み出す外部不経済による環境汚染の問題を考察する。そこでは，ミクロ経済学の分析道具を用いて社会的厚生の観点から環境汚染の問題を経済学的に説明する。さらに，ゴミ問題を経済分析の視点から解説している。

　第12章では，グローバル化にともなう消費世界の変化を説明している。消費のグローバル化である。さらに，世界的な規模での消費財の取引の増加は消費生活をより豊かにするが，海外取引に関しては為替レート変化についての理解が求められることを指摘する。

　第13章では，消費財の流通経路の問題を取り上げる。そこでは，流通政策を通じて市場における競争の確保が消費者の利益を実現する上で必要なことをミクロ経済分析を用いて平易に説明する。さらに，消費活動に最も密接に関連する消費税に注目し，それが経済活動に与える影響をわかりやすく解説している。

　第14章では，市場と消費生活の関係を考察している。消費活動は市場で営まれるが，活動の主体である消費者は必ずしも市場で合理的に行動できるとは限らない。そこには市場特有の制約があり，それが消費生活を不安定化させる要因となる場合がある。ここでは，消費市場に関する多方面にわたる研究成果に依拠しながら，現代における消費経済の課題を検討する。

　消費を支える家計の健全な発展は経済社会の安定的な発展の基礎である。し

vi

かしながら，現実においては，さまざまな要因によって消費の健全な発展が妨げられる可能性がある。そうした状況の中で，経済活動の安定化のためにも，消費を基点とする経済活動の適切な分析と理解が求められる。

　本書は，日本消費経済学会に所属する先生方による消費経済研究の成果である。各章とも，現代社会の課題を消費の側面に焦点を当てて解明しようとしたものである。本書で展開されたそれぞれの消費分析は，1つにまとまることで「消費経済学」の基本的な体系を構成するものになっているといえる。本書が現代の消費経済に関する理解の一助になれば幸甚である。

　最後に，本書出版の機会を与えていただいた創成社の代表取締役塚田尚寛氏に衷心より感謝を申し上げたい。また，企画の段階から編集まで多大なご尽力をいただいた西田徹氏に厚くお礼申し上げる。

　2024 年 2 月 14 日

関谷喜三郎

# 目　次

---
## 第 1 章

# マクロ経済と消費需要
---

## 1　経済活動と GDP

　日本では人口約 1 億 2,600 万人（2020 年）のもとで，5,583 万世帯（2020 年）の家計が生計を営み，367 万社（2021 年）の企業が経済活動を行っている。経済活動の規模を表す基本的な指標である名目国内総生産（GDP）は 2022 年の時点で約 552 兆円であり，アメリカ，中国に次いで世界で 3 番目の大きさである。なお，国際通貨基金（IMF）によると，2023 年中に日本の GDP はドイツに抜かれて世界第 4 位になるとの見通しが示されている。

　GDP は経済規模を表す指標であり，その大きさに応じて経済的豊かさを表すといえる。GDP は生産の大きさを表すので，それは雇用の規模や所得水準の大きさを左右する。GDP が大きいと，それだけ生産が高まるために，より多くの労働者が雇われるとともに，そこに働く人たちの所得も増加することになる。それは経済的な豊かさの高まりを示すことになる。

　ただし，経済活動は常に安定しているとはかぎらない。現実の経済はしばしば景気変動に見舞われ，不況や景気後退により失業が増えたり，賃金が低下することがある。また，所得分配が不平等になることにより，貧富の格差が拡大することで社会的な不安が増す場合がある。また，国内要因だけでなく，海外との経済取引がもたらすさまざまな変化も国内経済に大きな影響を及ぼし，GDP を変動させる。

　最近では，2020 年 2 月以降に急速に広まったコロナ禍とそれに対応するため

の経済活動の規制が日本経済に大きな打撃を与え，消費の急激な減少により，生産が大きく落ち込むことになった。また，2022 年 2 月に勃発したロシアによるウクライナへの侵略は，石油，天然ガスや小麦の供給制限により，資源の供給制約と価格上昇を通じて，世界経済に大きな混乱を引き起こしている。その影響は大きく，日本でも 10 年以上に渡りデフレ経済であったが，2022 年の後半からは各種の消費財が値上げされたことにより，インフレが生じることになった。このように，現実の経済活動はさまざまな要因によって影響を受け，GDP を変動させることになる。次に GDP の基本的な構造を確認しておく。

## （1）生産国民所得

国内総生産 GDP は，一国において一定期間に新たに生産された生産物の大きさである。それは，生産，分配，支出の 3 つの側面からみることができる。GDP は各産業における生産活動によって生み出されるものであるから，農業や製造業，運輸業，卸・小売，不動産業，金融業といった各種の産業が生産し，市場で販売した生産物の合計ということができる。

各産業では，生産にあたり他の企業が生産したものを原料として購入し，それを使用して生産する場合がある。そこで，正味の生産額を計算する場合には，生産額から原材料の購入金額を差し引いた金額を計算する必要がある。これらの原材料は中間生産物と呼ばれる。そこで正味の生産額は，各企業の生産額から中間生産物の金額を差し引いたものと考えることができる。これを付加価値という。GDP は各産業が一定期間に生み出した付加価値の合計である。これを生産国民所得という。

GDP＝生産国民所得＝各産業の付加価値の合計

## （2）分配国民所得

生産物は市場で販売されるので，販売した金額は誰かが受け取ることになる。そこで，GDP の大きさはそれを受け取った側からみることができる。その多くは，雇用者報酬という名目で雇用された人々の所得になる部分と営業余

剰・混合所得という形で企業の収益や個人事業主の所得になる部分に分けられる。こうした各部門の所得は課税前のものであり，ここから政府に税金が支払われる。つまり，生産活動の成果としての GDP は，それに参加した各経済主体に所得として分配されるということである。これが分配面から見た国民所得である。

分配国民所得＝雇用者報酬＋営業余剰・混合所得＋海外からの純要素所得

ここで，海外からの純要素所得とは，日本国民が海外で稼いで国内に送金したお金から外国の人が日本で稼いで本国に送金した分を差し引いたものである。日本の海外子会社が利益を日本に送金すれば，その分だけ国内の所得が増えることになる。ゴルフの海外ツアーでの賞金などもこれに含まれる。反対に，日本にある外国の企業が利益を本国に送金する場合には，国内の所得が減少するので，その分は差し引いておく必要がある。両者の差額が海外からの純要素所得である。その値がプラスになれば，それだけ国民所得が多くなる。

## （3）支出国民所得

市場に供給され，販売された生産物の大きさを表す GDP はこれを購入した側から見ることもできる。市場で売ったということは，誰かが買ったということである。買手の側は，大きく4つの部門に分けられる。家計，企業，政府，海外部門である。家計は消費のために各種の消費財を購入する。企業は投資のために資本財を購入する。政府は行政サービスのためにお金を支出する。さらに，国内で生産されたものは，海外に輸出されるので，外国の人たちからの支出もそこに加わる。ただし，輸入によってお金が海外に流出する部分もあるので，輸出等から輸入等を差し引いた経常収支が貿易による所得増加となる。これが支出国民所得である。近年は外国人観光客が増加しているが，海外からの観光客が旅行で使うお金は日本の GDP の増加となる。それは支出国民所得の中の輸出に計上されている。

$$支出国民所得＝消費＋投資＋政府支出＋輸出等－輸入等$$

## （4）三面等価の原則

　生産国民所得と分配国民所得と支出国民所得は同じものを別の角度からみたものなので，結果として金額は同じになる。これを三面等価の原則という。

　　＜三面等価の原則＞

$$生産国民所得＝分配国民所得＝支出国民所得$$

# 2　GDP の水準を決める要因

　一国の経済動向は GDP の大きさを基本として考えることができる。GDP が順調に伸びて行けば，雇用は安定し，所得も増加する。そこで，次に GDP の大きさを決める要因についてみていく。

## （1）有効需要の原理

　三面等価の原則にしたがうと，生産国民所得と支出国民所得は等しくなる。ここで重要なことは，生産国民所得，つまり一国で生産される生産額の大きさを左右するのは，支出国民所得だということである。生産する側の企業は売れればより多く生産することができるが，売れなければ生産水準を引き下げざるをえない。したがって，支出，つまり需要が多ければ，それに従って生産も増加する。ゆえに，経済全体の需要の大きさを表す支出国民所得が生産の大きさを左右するということができる。これを「有効需要の原理」という。生産国民所得は総供給であり，支出国民所得は総需要である。

＜有効需要の原理＞

　　生産国民所得 Y ＝支出国民所得 D

　　　総供給 Y　　＝　　総需要 D

　総供給を Y，総需要を D で表すと，Y の大きさを左右するのは D の大きさということになる。総需要を生み出すのは，家計，企業，政府，海外部門の支出である。この 4 つの経済主体が生み出す総需要は，消費 C，投資 I，政府支出 G，輸出 X −輸入 M，と表すことができる。

$$Y = D = C + I + G + X - M$$

　この 4 つの合計である総需要 D が生産の水準 Y を左右することになるので，この 4 部門は経済成長のためのエンジンとしての機能を果たしているということができる。それぞれの部門から生み出される需要が順調に伸びていくことにより，経済は安定的に成長していくことができる。この中で，支出の割合が最も大きいのが家計による消費需要である。家計は消費のために支出を行うが，それは GDP の約 6 割を占めている。つまり，国内で生産されるもののうち 6 割が家計によって買われるということである。それゆえ，家計部門は GDP の水準を維持する上で大きな役割を果たしているといえる。

　海外部門も重要である。日本国内で生産されたものを外国に輸出することができれば，さらに生産を拡大することができ，それが所得や雇用の増大につながる。反対に，輸出が伸びなければ，生産の拡大も抑制されることになる。現在では，外国人観光客の増加が海外からの需要増加の大きな柱となっている。いずれにしても，需要の拡大が経済の成長にとって重要だということである。

## （2）供給条件と GDP

　一方，需要だけが経済の成長を左右する要因ではない。たとえ十分に需要があったとしても，働く労働者が不足している場合には生産は増加できない。戦

後，総人口が 8,000 万人台からスタートした日本は，人口増加が続き，1967 年に 1 億人を超えている。1 億 2,808 万人まで増加した人口は 2008 年にピークとなり，その後は減少に転じている。人口の減少はやがて労働力を減少させることになる。とくに，平成になって以降，それが生産年齢人口（16 歳〜65 歳）の減少となって表れている。労働力の減少は生産の拡大を制限する。これは供給側における成長制約となる。

　また，世界的パンデミックを引き起こしたコロナ禍やウクライナ戦争の影響からもわかるように，生産のための原材料が手に入らなければ生産は拡大できない。また，たとえ原材料が入手できたとしても，価格が高いと原材料のコスト高により生産は抑制される。原材料の制約は生産量を抑制するだけでなく，

図 1 － 1　経済成長率の推移

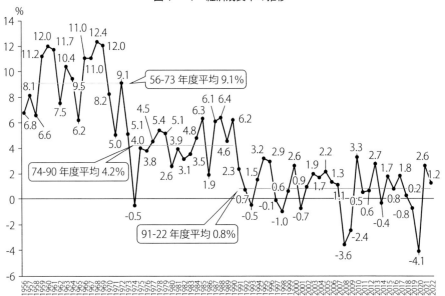

注：年度ベース。複数年度平均は各年度数値の単純平均。1980 年度以前は「平成 12 年版国民
　　経済計算年報」(63SNA ベース)，1981 〜 94 年度は年報（平成 21 年度確報，93SNA）による。
　　それ以降は 2008SNA に移行。2023 年 1-3 月期 1 次速報値＜ 2023 年 5 月 17 日公表＞
出所：内閣府 SNA サイト（https://honkawa2.sakura.ne.jp/4400.html）。

コストの上昇を通じてインフレを引き起こし，家計の実質所得を低下させることで，消費需要を減退させる場合もある。

　ここからわかるように，GDP は需要と供給の両面から制約を受けることになる。したがって，経済活動を見る場合にはその両面を見る必要がある。

# 3　経済成長率の推移と消費活動

　次に，日本経済の現状を理解するために，戦後における経済成長率の推移をみていく。図 1 － 1 には，1956 年から 2022 年までの経済成長率の推移が示されている。これを通じて，戦後における日本経済の変化がどのようなものであったかを理解することができる。

　図 1 － 1 における経済成長率の変化は，戦後の日本経済の成長が大きく 4 つの段階に分けられることを示している。第 1 期は 1955 年〜 1973 年であり，高度成長の時代である。第 2 期は 1974 年〜 1990 年であり，安定成長の時代である。第 3 期は 1991 年〜 2019 年であり，低成長時代と呼べる。第 4 期は 2020 年から現在に至る期間である。それぞれの時代で，経済の成長と停滞をもたらした要因を考察することができるが，それは消費生活の変化を知ることでもある。

## （1）大量生産・大量消費

　第 1 期の高度成長の時代は，戦後の復興期を経て，経済が急速に拡大していく時代である。終戦直後のベビーブームをきっかけに人口が急速に増大し，消費需要が増加していった。企業は生産拡大のために積極的な投資を行っていったが，それを支えた要因の一つが労働供給の増加である。戦後の経済復興に合わせて工業製品の生産が高まり，沿岸の都市部に工業地帯が形成されていく。そこに職を求めて，農村地帯から多くの労働者が移動していった。これは地方から都市への人口移動であるが，生産性の低い農村から生産性の高い工業地帯への労働資源の移動でもあった。

　労働者が農村部から製造業・サービス業が集中する都市部に移動したことに

より，日本経済全体として労働生産性が向上し，経済成長を促進させた。地方から都市に移住した労働者は，やがて都市近郊にマイホームを求めるようになり，新たな住宅の建設が増加する。住宅の増加はそこで必要となる耐久消費財の需要を高めることになる。それが製造業を中心とする第二次産業をさらに発展させ，高度成長を牽引することになる。それは，1945 年から 1949 年に生まれ，後に団塊の世代と呼ばれることになる人たちを中心とした消費であり，大量生産，大量消費，大量廃棄の時代を生み出すことになる。冷蔵庫，洗濯機，電気掃除機，炊飯器といった耐久消費財が生活を便利にし，テレビ，自動車が生活を豊かにしていく。

　1956 年から 1973 年まで続く高度成長期は，平均成長率が 10% であった。現在では考えられないような高い成長を示したが，そこには，生産拡大のための企業の設備投資の増大と旺盛な消費需要の増加があった。その背後には，低生産性部門から生産性の高い部門への産業間の労働移動が活発であったという面がある。この高度成長には消費増大，労働供給増加の両面で家計部門が果たした役割が大きかった。また，家計の貯蓄行動も経済の成長と大きく関係している。高度成長期は企業が設備投資のための資金を必要としたが，家計の貯蓄がその資金を賄うことになったのである。ここでも，家計が経済成長を支える役割を果たしていたといえる。

　高度成長による生産の拡大は，次第に製品の販路を海外に求めるようになる。国際競争力をつけた企業が欧米に向けて輸出を拡大していったのである。昭和 30 年代の繊維から始まり，造船，家電，自動車とより高度な産業に移行していく。それはやがて貿易相手国との間で貿易摩擦を引き起こすことになる。

## （2）消費の飽和と個性化

　図 1 − 1 に示されるように，1970 年代に入ると経済成長率が急激に低下することになる。第 2 期の安定成長期の始まりである。高度成長期の 10% を超える高い成長率からの成長屈折のきっかけは，突然の経済的ショックによるも

のであった。貿易赤字にともなう金の流出に対応するために，アメリカのニクソン大統領により 1971 年 8 月 15 日に「金・ドル交換停止」，「輸入課徴金の実施」が発表された。これはアメリカ向けの輸出を拡大していた日本にとっては大きなショックであった。それ以上に経済に大きな衝撃を与えたのが，このニクソン・ショックをきっかけに生じた固定相場制から変動相場制への国際通貨制度の変更である。

　変動相場制への移行は，日本経済の動向を左右する大きな制度変更であった。変動相場制の下では，輸出が増加し貿易黒字が拡大すると，為替レートが円高になるので輸出が抑制されることになる。輸出は総需要を構成する 4 つのエンジンの一つなので，それが為替レートの面からブレーキを掛けられることになるということである。高度成長が終焉することになる要因の一つは，この為替相場制の変更にあったといえる。

　高度成長の終焉にはもう一つのショックが影響した。それは 1973 年の第一次石油ショックである。石油輸出国機構（OPEC）が石油価格を突然大幅に引き上げた。石油資源をほぼ 100％輸入に頼る日本は，石油価格の急激な上昇により，経済活動が混乱し，生産が急激に低下した。1974 年には戦後初めて経済成長率がマイナスになった。さらに，石油コストの上昇により，物価が急騰する。1974 年から 1975 年にかけて 20％を超える物価上昇を記録した。これは狂乱物価と呼ばれた。いつの時代も，資源のない日本にとっては，資源価格，資源量の両面の変化は，成長の大きな制約要因となる。

　ニクソン・ショックと石油ショックは，一時的に大きな混乱をもたらしたが，当時の日本経済は潜在的な成長力があり，ショックによる混乱も短期間で乗り切ることができた。そのために，その後 1990 年まで，平均 4％という高い成長のもとで豊かな経済活動を維持することができた。この 1974 年から 1990 年までを安定成長期と呼ぶことができる。

　この期間には，変動相場制のもとでも国際競争力のある家電メーカーや自動車産業が輸出を伸ばし，貿易摩擦を繰り返しながら輸出を拡大していった。国内においても，成長に伴う所得の増加が家電製品を中心として消費を拡大さ

せ，それがさらに生産を増大させるという好循環を生み出していった。

　高度成長期から続く生産と消費の好循環による成長の背後には，人手不足を解消し，労働者の定着を図る企業の経営管理，労務管理がうまく機能したという面がある。終身雇用，年功序列賃金，企業別組合からなる日本的経営といわれる長期雇用慣行の形成である。終身雇用により，多くの若者が中学，高校，大学を卒業すると，定年まで同じ会社で働き続けることになった。また，年功賃金制のもとで勤続年数に応じて賃金が上昇したので，労働者はそれを前提として人生設計を立て，それに基づいて消費を増加させることができた。

　安定成長期となるこの1970年代から1980年代にかけて消費の主役になったのは，団塊の世代の次の世代であり，1965年から1976年に掛けて生まれた人たちである。団塊の世代は戦後の貧しい生活の中からテレビ，冷蔵庫，洗濯機といった耐久消費財を手に入れることで人並みの豊かさを求めたが，その次の世代は，生まれたときから家電製品が家の中にあったので，彼らが若者になり消費の主役になり始めると，個性を求めて自分らしい消費を求めるようになる。消費の個性化である。彼らは新人類と呼ばれた。この新人類は，後にX世代と呼ばれる。その次の世代は1977年から1995年に生まれた人たちであり，Y世代（ミレニアル世代）である。X，Yに次ぐZ世代が1996年から2014年に生まれた現代の若者である。

　この安定成長期には，企業内の労働調整を通じて，衰退産業から成長産業への産業の転換が行われた。経済が順調に成長していくためには，産業構造の変化に対応して，資本，労働が産業間を移動することが必要になる。高度成長期には，農村から都市への労働移動が生じ，成長産業である製造業の生産拡大が可能になった。1970年代〜80年代には，大企業を中心にして，経営の多角化が図られ，新たな成長分野に子会社を設立することにより，自らが抱える鉱山部門や繊維部門から新たな事業分野に労働者を移動させた。また，新しい企業を買収したり，新たな部門を新設することで産業構造の変化に柔軟に対応していった。これにより，失業を生むことなく衰退産業から成長産業への労働移動が可能になった。一方，労働者にとっては，終身雇用や年功序列賃金のもとで

転勤，単身赴任といった労働移動が日常的なものになっていった。

　これによって，終身雇用といった固定的な雇用制度のもとでも産業間の労働移動が可能となり，企業は不採算部門に過剰な労働者を抱え込んだままで成長分野にシフトすることができた。欧米であれば，経済の成長にともなって衰退する産業に従事する労働者はいったん解雇され，その後自らの選択に応じてより有利な賃金を求めて新たな成長産業に移動することになる。労働市場を通じた労働調整である。ところが，日本では，終身雇用という長期雇用の保障のもとで，失業を生むことなく，同一企業内で成長分野に応じた労働移動がなされたのである。成長にともない，年功賃金制度によって賃金が上昇したので，所得格差が縮小し「一億総中流」といわれる状況が生まれることになる。

　安定成長時代の最後の数年，1987 年から 1990 年に掛けて，日本はバブル経済を経験することになる。1980 年代に入り，日本は経常収支の黒字基調が定着するようになり，自動車や家電製品の輸出が大幅に増え，経常収支の黒字が増大していく。その一方で，アメリカは経常収支の赤字が一層拡大していくことになる。そこで，国際収支の不均衡を是正することを目的として，1985 年に先進国によりドル安・円高を目指した為替市場への協調介入が行われることになる。これはプラザ合意と呼ばれた。その結果，1 ドル＝ 230 円前後で推移していた為替レートが，一挙に 1 ドル＝ 125 円という円高をもたらした。

　この円高により，日本の輸出は大きな打撃を受け，経済の裾野を広げてきた輸出産業の停滞が日本の景気を低下させるという危惧が高まる。円高不況である。それに備えるために，政府は財政支出の拡大と金融緩和政策を実施した。ところが実際には，円高による景気抑制の効果は予想よりも小さいものであった。日本の輸出企業の国際競争力は高かった。一方，円高により輸入製品の価格が低下したので，国内企業の利益が増大することになった。円高差益である。また，輸入価格の低下が国内製品の価格低下をもたらし，それが消費需要を活発化させることになった。

　予想外の景気の拡大と政府による需要拡大策が余裕資金を増大させたことで，経済に過剰流動性が発生する。それが株式や債券の購入に向かったことに

より，金融資産の価格が異常に高騰し始める。また，過剰な資金は土地や絵画などの実物資産の価格も高騰させていく。高騰した地価を担保にして借入資金を増やし，それで土地，株式を買うという，いわゆる財テクにより，資産価格はさらに高騰することになる。バブルの発生である。

　資産価値の上昇は，資産効果による消費需要の増大を生み，それに応じて企業は生産を拡大していく。生産の一層の拡大のために，企業は値上がりした土地を担保にして資金を調達し設備投資を拡大していく。それは負債を増大させることでもあった。また，労働を確保するために，雇用も増やしていった。

## （3）所得低迷と低価格志向

　土地や株式の異常な値上がりによるバブル経済の繁栄は長くは続かなかった。土地の異常な値上がりに対処する必要に迫られた政府は，不動産への融資を規制する措置をとることになる。1990 年 3 月に発せられた不動産融資総量規制である。これをきっかけにして，バブルは崩壊する。1990 年に入ると株価が急速に値下がりし始める。1 年遅れて 1991 年から地価も下落し始める。資産価値の下落は，消費需要を減少させ，設備投資を縮小させることになる。総需要の減少により経済成長率はいっきに低下することになる。バブル崩壊による経済成長率の低下は，一過性のものに留まらなかった。1990 年以降，2000 年代，2010 年代を通じて平均経済成長率が 1％以下という，かつてない低い水準で推移することになる。

　バブル期に資産価値の異常な値上がりを前提にして，雇用を増やし，設備を拡大した企業は，需要の急速な減少により生産が減少したために，過剰雇用，過剰設備に直面することになった。バブル崩壊当初は，景気後退が一時的なものとみられていたが，時間の経過とともに資産価格下落による需要減少の影響が顕在化していく。さらに値上がりする土地を担保に借り入れた資金は返済が困難となり，過剰債務の状態となる。この 3 つの過剰である過剰雇用，過剰設備，過剰債務はそれ以降，企業の経営を大きく圧迫することになる。その結果，1990 年を境にして，経済成長率はそれまでの 4％台から 1％台に落ちこむ

ことになった。

　バブルの崩壊は日本経済にもう一つの困難をもたらした。不良債権の処理である。バブル期に金融機関が土地を担保に多額の資金を企業に貸し付けたが，急激な景気悪化と資産価格の暴落によりその多くが返済不能になった。不良債権の発生である。これにより，1990年代の後半になると，金融機関は貸付機能を大きく低下させる一方で，不良債権を処理するために貸付金の回収を進めた。それは企業の投資活動に大きな制約となった。不良債権が処理され，金融機能が正常に戻るのは2000年以降になる。

　バブル崩壊後の経済成長率の低下は，雇用構造にも大きな影響を与えることになる。バブルが崩壊する1990年まで，高度成長期，安定成長期を通じて完全失業率は2〜3%台という低い水準であった。企業は成長経済の中で労働力を確保するために，終身雇用，年功序列賃金を維持することで，新規に採用した労働者を企業内に留めておくことができた。家計にとっても，年々上昇する賃金のもとで，安定した生活設計を立てることができた。それは消費需要の安定にもつながった。しかし，1990年以降の経済の落ち込みは深刻であり，企業は成長期待を修正せざるをえなくなる。それにともなって，企業にとって雇用の維持が負担になってくる。

　企業は経営立て直しのためのリストラクチャリングを開始する。その一つは不採算部門の見直しである。それまでは多角化によりさまざまな部門を抱えることが景気変動を乗り切る上で有効だと考えられていた。一時的に収益の低い部門があっても，他の部門で収益を高めればそれでカバーすることができる。しかし，低成長のもとでは，不採算部門を抱える余裕がなくなる。部門によっては，外部に生産を委託するアウトソーシングが必要になる。事業の再構築である。リストラは雇用調整にも及ぶことになる。これまで，景気後退期にも配置転換，出向という形で解雇することを回避してきた企業がリストラの名のもとに人員整理に手を付けることになるのである。早期退職，新規採用の抑制を通じて正規社員の比率を引き下げ，非正規社員の比率を増すことで，人件費の削減を図るようになる。その結果，1990年代後半から2000年代にかけて，完全

失業率が4〜5%というかつてない高さになる。一時は失業者数が300万人を数え，大量失業時代を迎えることになる。さらに，雇用の維持と引き換えに賃金の抑制が図られるようになる。年功序列賃金のもとで，毎年上昇していた賃金が上がらなくなる。これは，終身雇用，年功序列賃金の実質的な変更であった。

　バブル崩壊後，経済成長率が低下する中で，失業率の高まりとともに生じたもう一つの特徴は，物価の下落によるデフレーションの進行である。1980年代まで，日本経済はいわば右肩上がりの成長を続けたが，そこでは，インフレーションが恒常的となっていた。毎年物価が上がり，それに応じて賃金も上がるという賃金・物価の循環的上昇がみられた。戦争直後の一時期を除けば，戦後一貫してインフレが続いたのである。それが1990年代になって初めて物価の低下を経験するようになる。それは2000年代になっても続くようになったので，日本経済は一転してデフレ経済となる。

　賃金の低迷とデフレの進行で家計の消費行動にも変化が見られるようになる。人々は所得が伸びない中で生活防衛のために低価格商品を求めるようになる。デフレにより，貨幣価値が上昇したことで貨幣での保有が有利になり，さらに値下がりを待つ買い控えも生じる一方で，低価格志向が一層促進されるようになる。しかし，この期間に消費が低迷した最も大きな要因は，賃金の上昇が止まったことである。2000年代に入り，不良債権の処理が進み，日本経済は景気が回復するが，それが賃金の上昇に結びつかなかった。その間，2007年にはリーマンショックが生じ，2011年には東日本大震災に見舞われたことで，デフレをともなう経済の停滞は長期化することになる。中でも，リーマンショックの影響は大きく，2009年は成長率が−5.2%という戦後最大の下げ幅を記録することになる。

　これまでにない低成長時代が続く中で人々の消費行動に大きな変化が見られた。それは消費のリサイクル行動である。1980年代までの右肩上がりの経済にあっては，消費財を私的に所有することが消費の目標の一つであった。消費財が家に溢れることは豊かさの象徴でもあった。しかし，低所得が恒常的になる中で，家の中で不要になったものを売り，必要なものを中古品で手に入れる

行動が広がっていく。かつて，休日の公園で見られたフリーマーケットやアメリカの街で見られたガレージセールが人々の日常生活の中に入って来たのである。新品にこだわることなく，必要に応じて中古市場で購入し，必要がなくなれば売却する。また，リースできるものは，それで済ませる。こうした消費行動は，人々が私的所有にこだわらなくなったことを示すものであり，それまでになかった消費行動といえる。これに拍車を掛けたのがインターネットの普及と物流の発展である。インターネットを通じて，中古品の売り買いが可能となる。早ければ注文した品が翌日に配達される。手元の品を売る場合にも，近くのコンビニから配送できる。こうした流通経済の発展が消費者行動の変化に与えた影響も大きいといえる。

　2012 年以降，デフレ脱却を目指すアベノミクスと呼ばれる経済政策により，経済成長率は一時的に上昇傾向を見せたが，それが賃金の上昇に結び付くことはなかったので，消費の低迷が続くことになる。

## （4）コロナ禍と消費の抑制

　2020 年，日本では景気回復と成長率の上昇が期待される大イベントが開催される予定であった。東京オリンピックである。オリンピック会場のための大規模工事が行われ，開催予定の 2020 年 7 月には世界から多くの人たちが来日する予定であった。これは日本経済にとって経済活動の活性化を約束するものであった。さらに，外国人の来日はオリンピックにとどまらず，その後の外国人観光客の増加を期待させる面があった。しかし，そうした期待が一挙に裏切られる事態が生じる。コロナ・ウイルスの感染による世界的なパンデミックの発生である。

　2019 年 12 月頃に中国で発生したといわれるコロナ・ウイルスによる感染症がきわめて短い期間に世界中に蔓延していく。それは，強い感染力をもつものであり，日本においても 2020 年 3 月以降，感染が急速に拡大し，それにともなって高齢者を中心にして重症化する人の数が増え，致死率も高い数値を示した。コロナは感染症の第 2 類に分類される危険度の高い感染症であり，政府は

これに対処するために 2020 年 4 月に第一回目の緊急事態宣言を発し，3 密（密閉，密集，密接）を避けるために，外食を含む外出を厳しく制限することになった。これにより，2020 年 4 月以降，外食関連の産業の経営が急激に悪化し，実質的な外出禁止により観光業が窮地に立たされる。また，外国人の入国も厳しく制限されたために外国人観光客がまったくなくなった。観光立国を標榜する日本は，2019 年まで年間 3,000 万人を超える外国人観光客により，観光収入を獲得することができたが，それが一挙にゼロになった。コロナによる極端な消費活動の制限により，2020 年の実質 GDP の成長率は－4.8％とリーマンショック（－5.7％）以来，マイナス成長となっている。

コロナによる影響は外食産業や観光に限られたわけではない。学校の授業も教室での対面授業からリモート授業になり，学校給食が停止された。それは給食に使われる食材の需要を急減させ，野菜を栽培している農家に大きな打撃となった。会社の仕事もリモートワークが推奨されたために，会社員の出勤割合が低下し，ランチや弁当の売り上げも低下した。マスクの着用や出勤の減少により，主に女性を対象にした化粧品の売り上げも低下したといわれている。コロナの影響は広い範囲におよび消費需要が大幅に減少したために，2020 年度の GDP は大幅なマイナスを記録することになり，まさにコロナ不況といわれる状況となった。

コロナによるパンデミックの発生は，世界の経済活動に打撃を与えたことにより，各国の生産が大幅に減少することになる。これにより，グローバル経済における，サプライチェーンの分断が生じた。輸送手段の手配が困難になるために，輸送コストが上がり始める。その影響もあり，資源供給の制限とコストの上昇により，輸入品の価格が上がっていった。日本は原材料だけでなく各種の製品も輸入しているので，それが国内の物価上昇につながっていく。2021 年以降，次第にさまざまな製品の価格が上昇し始める。結果として，経済は一転してデフレからインフレへと変化していった。

2021 年からコロナワクチンの接種が始まったことにより，極端な外出制限や観光制限は緩和されていった。2022 年にかけて，人々はコロナ対策と経済活動の両立を模索するようになり，抑制されていた消費も次第に回復してい

く。ただし，コロナは第2波，第3波，と繰り返し周期的に人々を襲ったので，その都度人々の行動制限が繰り返されることになり，経済の回復は順調にはいかなかった。

コロナの影響は，全体としてみれば，GDPを大きく押し下げたが，そこに，ウクライナ戦争が加わることになる。ロシアのウクライナ侵攻に対し，NATOを中心として，アメリカ，欧州諸国がウクライナを支援したために，世界にはかつての東西対立のように，ロシア対アメリカを中心とした対立が生じることになる。

これは，日本の経済にも新たな影響を及ぼすことになる。ロシアとウクライナはともに資源大国である。ロシアは天然ガス，石油をヨーロッパ諸国に輸出しており，ウクライナは世界有数の小麦の輸出国である。こうした資源の輸出が停滞することにより，資源価格の上昇と供給量の制限が世界の経済に大きな影響を与えることになる。資源コストの上昇は価格上昇を通じて消費生活にも大きな影響を与える。

コロナによるパンデミックは，供給制限や輸送コストの上昇を通じて，国内製品の価格引き上げ圧力を強めたが，ウクライナ戦争によるさらなる資源価格の上昇が，電力料金の引き上げ，各種の消費財価格の引き上げをもたらし，次第に物価を上昇させるようになる。それに加えて，アメリカ連邦制度理事会の金利引き上げの影響から，2022年には為替レートが円安傾向を強めたために，それによる輸入価格の上昇が加わった結果，2022年後半以降，日本経済はそれまでのデフレ経済からインフレ経済へと変化していくことになる。2022年12月の消費者物価上昇率は4%になった。

# **4** 消費需要の変遷

これまでみたように，日本経済は一定期間ごとに成長率の大きな変化をともないながら発展してきた。そうした中で，家計による消費活動もそれに呼応する形で変化している。消費活動が経済成長と関連するのは，消費が所得の大き

さに依存するためである。経済の成長は雇用を増加させ，人々の所得を増大させる。それが消費需要を左右することになる。

　すでに述べたように，消費は総需要の6割を占めており，それが所得の増加とともに拡大していくことで，生産の一層の増大を可能にする。そこには，生産 → 雇用 → 所得 → 消費 → 生産，という形での循環が見られる。さらに，経済成長にともなう消費の増加は量だけでなく質的な変化をともなう点にも注意する必要がある。そこで，次に戦後における経済成長の各段階に応じた消費活動の特徴をみておく。

## （1）耐久消費財の普及

　消費の側面から見るとき，高度成長期を牽引したのは耐久消費財の増加であるといえる。高度成長は地方から都市への人口の移動をともなうものであった。都市に出てきた多くの労働者は，結婚適齢期を迎えると都市の郊外にマイホームを建て，電車，自家用車で通勤するようになる。住宅の増加はそこで使用される耐久消費財の需要を高める。1955年から1964年の昭和30年代には，テレビ，冷蔵庫，洗濯機の「三種の神器」が急速に普及するようになる。1965年から1974年の昭和40年代には，3Cと呼ばれたカー，クーラー，カラーテレビが消費の対象となっていく。1960年代後半にはマイカーブームが生じている。これらの耐久消費財を購入したのは，主に1945年から1949年のベビーブームの時に生まれた団塊の世代である。現在の年間出生者数70万人台に対して団塊の世代は年間200万人を超えていた。この急増した人口を背景にして，製造業を中心とした第二次産業が発展し大量生産，大量消費社会を実現していくことになる。耐久消費財の普及は家庭における炊事，洗濯といった家事の重労働から主婦を解放し，余暇時間を確保することにも役立つことになる。

## （2）分衆の誕生

　1970年代の前半は，ニクソンショックと石油ショックという2つの大きなショックを契機に経済成長に大きな屈折が生じ，高度成長の終焉と安定成長時

代への移行が生じた時期である。安定成長の時代は 1990 年のバブルの崩壊まで続くことになる。

　時代の変化は消費の場面にも新たな変化を生じさせる。高度成長期における団塊の世代による大量消費の時代は，耐久消費財の購入により人並みの生活を実現することが消費の目標であったが，それを達成した後の世代は人並みよりも自分独自の消費を求めるようになる。消費の個性化である。

　こうした消費の傾向は団塊世代の人たちの理解を超えるものであった。そこで，新たな消費の主役となった 1960 年代半ばから 1970 年代前半に生まれた世代は新人類と呼ばれるようになる。それは後に名付けられる X 世代と重なる部分がある。この世代は，団塊の世代と異なり，自分らしさを求めて個性ある消費を志向するようになる。こうした行動が，大衆から分衆へという形で消費の個性化を推進するようになる。それは，みんなが同じものを求めた大衆の時代から特定のニーズに対応した商品の生産が求められる時代への変化である。1985 年に，博報堂生活総合研究所編『「分衆」の誕生』が出版される。「分衆の誕生」は，万人向けの商品から個性に対応した多品種少量生産の時代への変化を象徴するキャッチ・フレーズであった。

　また，この時代には，石油ショックによって所得が伸び悩む夫の収入を補うために妻たちがパートに出る割合が増えていく。それにともなって外食産業に依存する比重が増していく。インスタント食品や調理済み食品の購入も増えていく。さらに，主婦たちはパートによって自分のために使うことができるお金を手にするようになる。そうしたことも消費の個性化を促すようになる。ファミリーレストランやファーストフードなどの外食産業が発展するのもこの時代である。

　所得水準の上昇によって欲しいものが手に入る時代になると，人々は自分らしさを求めるようになるが，個性化は反面で人々を分断し，孤立化させる面も持っていた。また，この時代の最後の数年に生じたバブル経済は，贅沢を求める落ち着きのない消費を生み，高度成長以来の課題であった省エネ，環境保護，資源の有効活用といった問題を忘れさせるほど大きな影響をもたらした。

## （3）所有からレンタル

　1990年以降，バブルの崩壊をきっかけにして日本経済は平均成長率が1％台という超低成長経済となる。地価や株価の急落による資産価値の減少が総需要の減少につながり，景気を悪化させる。1990年代半ばには大型の経済政策により回復した景気が，1997年4月の消費税引き上げ，同じ年の11月に生じた銀行，証券会社の倒産といった金融危機を通じて再び悪化し失業率が上昇することになる。

　失業率が5％という高い水準になる中で，企業はリストラの名のもとに労働力を削減していく。それは賃金の低下を生み出し，家計の所得が低迷するようになる。そうした中で，消費者は生活防衛のためにより安い商品を求めるようになる。低価格志向である。

　1990年代以降，2000年代の消費を牽引するのは，団塊ジュニア世代，ゆとり世代といわれる人たちである。1970年代後半から1990年代に生まれた人たちで，ミレニアル世代（Y世代）にあたる。この世代は，豊富な消費財に囲まれて育った若者であり，それまでの世代と異なり，物の所有にそれほどこだわらなくなっていく。それまでの個人としての所有からレンタルできるものはレンタルですませ，共有できるものは共有で済ませ，中古品の使用にも抵抗感がなくなる。また，必要のなくなった耐久消費財は売却し，その資金で別の中古品を購入するようになる。

　環境に対する関心も高く，環境にやさしい商品の選択にも積極的である。また，シェアハウスの利用にみられるように，物の消費よりも人と人とのつながりを求める志向が強くなっていく。ものを私的に所有するということから，消費を通じて人と人とがどのようにつながり合えるかが重要になる。みんなで何かをすること自体に価値を感じる，そのような時代になっていく。

## （4）巣ごもり消費

　2020年3月以降のコロナ禍という新しい状況の中で，人々の消費行動も変容していく。その一つは，外出を控え自宅で過ごす時間が増えたことにより，い

わゆる「巣ごもり需要」が増加したことである。外食の代わりに自宅で食事する人が増え，デリバリー・サービスやテイクアウトの利用が増えた。これに対応する形で，外食産業の中にも，来店客の減少をテイクアウトでカバーするお店が増えていく。テイクアウトには一般的なお店だけでなく，高級レストランもそこに参入するケースが見られるようになる。宅配サービスの利用は，消費者の利便性を高めることになったので，コロナ後も定着する可能性がある。とくに，高齢世帯を中心にして宅配によるお弁当のデリバリーが増加している。

　コロナによる家庭内感染を防止するための空気清浄機の購入は，ハウスダストの除去にも役立つことから，健康のためにも必要な機器と考えられるようになった。また，家庭内で過ごす時間が増えたことにより，家庭内で楽しむためのネット・ゲームの利用やゲーム機自体の購入といったインターネット関連サービスの需要も高まった。こうしたことから，コロナによる外出自粛で多くの企業が需要の減少に見舞われたが，一方で，新たな需要を開拓することで，売り上げを伸ばした分野もあることに注意する必要がある。また，コロナという一過性の現象を超えて，デリバリーサービスの積極的な利用といった新たな消費スタイルの確立がみられることにも目を向ける必要がある。

　コロナにより，会社への通勤が減り，自宅でのリモートワークが拡大された。リモートワークはコロナ以前からも進められていた。通勤による電車内の混雑や自動車による交通渋滞の解消のためにリモートワークが求められていたのである。通勤時間の削減は，労働者に取っても生活時間の確保につながり，ワークライフバランスのためにもプラスに作用すると考えられる。リモートワークが今まで以上に定着していくことで，これまで以上に自宅で快適に過ごしたいという傾向が強まるといえる。

**参考文献**

博報堂生活総合研究所編（1985）『「分衆」の誕生：ニューピープルをつかむ市場戦略とは』日本経済新聞社。

三浦　展（2012）『第四の消費』朝日新書。

（関谷喜三郎）

─────── 第 **2** 章 ───────

# 消費活動と賃金構造

## **1** 国民経済における家計の役割

　家計の消費需要は，一国の総需要の水準を左右するほど大きな影響力を持っている。また，家計は労働供給を通じて企業の生産活動にも大きな影響を及ぼしている。そのために，家計の経済行動はマクロ経済の動向と密接な関係を有している。家計の役割を経済的視点から分析する価値の一つがここにあるといえる。そこで，次に需要，供給の両面における家計とマクロ経済の関係をみていく。

### （1）GDP の安定効果
　第1章の図1−1からわかるように，1990年以前と以後で経済成長率に大きな差がある。バブル崩壊以前は，経済は一貫して成長軌道にあった。この時代には消費が経済活動の安定化に大きく寄与していた。それは平均消費性向の動きから理解することができる。
　平均消費性向とは，GDP（Y）に占める消費需要Cの大きさのことであり，次のような式で表すことができる。

$$平均消費性向 = \frac{C}{Y}$$

　一般に，人々の消費行動は短期間には大きく変化しないと考えられる。した

がって，消費需要 C は安定している。一方，GDP は景気変動に応じて短期間で変動する。景気後退期には，GDP の低下にともない企業の設備投資が減退するために総需要の落ち込みが懸念される。所得の低下する一方で消費需要は安定しているので，平均消費性向 $\frac{C}{Y}$ の値は上昇する。そこには，消費需要の安定が総需要の低下を下支えするという意味で景気後退を緩和する効果が期待できる。一方，景気拡大時には Y の増加に比べて C の値は安定しているために，平均消費性向の低下を通じて，総需要の増加が抑えられるために景気の過熱を抑制する効果を持つことになる。

　このように，平均消費性向の安定は経済の安定化に大きな役割を果たしているといえる。ここで注意すべきことは，消費の安定化の背後には賃金の増加があるということである。なぜなら，賃金の安定的な増加が消費の安定化を支え

図2－1　常用労働者1人平均月間現金給与総額 1947 年～ 2021 年　年平均

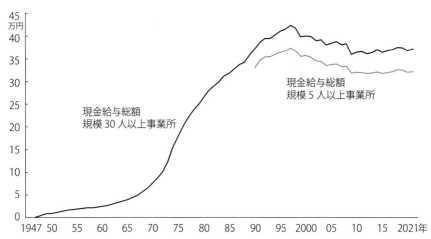

注1：規模30人以上事業所の1969年以前はサービス業を除く調査産業計。

注2：2019年6月分速報から，「500人以上規模の事業所」について全数調査による値に変更している。

注3：2004年～2011年は時系列比較のための推計値。2012年～2017年は東京都の「500人以上規模の事業所」についても再集計した値（再集計値）。

出所：厚生労働省「毎月勤労統計調査」。

る最も重要な要因だからである。図2−1には，1947年から2021年までの一人当たりの平均月間現金給与総額の動きが示されている。ここからもわかるように，高度成長期，安定成長期を通じて，一貫して給与は増加している。それが消費支出を安定的に維持できた要因であったといえる。それとは対照的に，2000年以降，現金給与は低下傾向を示している。

　家計は消費に際して，毎月の給料のように安定的に得ることができると期待される所得に基づいて支出額を決めると考えられる。実際に，賃金所得が一貫して上昇を続けた1950年から1990年までの成長経済の時代には，所得の安定的な増加のもとに，消費需要も増加していった。

　バブル崩壊以後，景気が低迷しているにも関わらず，平均消費性向は低下傾向を示していた。本来，景気が後退し，所得が低下する局面では，平均消費性向は上昇すると期待されるが，それが低下したのである。それは安定しているはずの消費が低下したためである。その背後には賃金の低下があった。1990年代以降，家計は景気悪化による所得の低下を一時的なものとは考えなくなった。そのために，支出を抑制したのである。これは景気後退期に消費が総需要の下支え効果を持たなくなったことを意味するものである。

## （2）労働力の供給

　家計の経済活動でもう一つの重要な側面は，労働力の供給である。家計の立場から見れば，労働の提供は所得を得るためであるが，労働を企業の側から見れば，生産要素としての労働力の供給である。

　経済が成長するためには生産の拡大が必要であるが，それを支える供給条件は，労働，資本，技術である。企業が生産を拡大するためには資本設備が必要となる。設備投資により生産設備が増大すれば，それによって生産の拡大が可能になる。技術の向上も重要である。設備の新設と同時に最新式の設備を導入することで，労働力に変化がなくても生産性を向上することができるし，それを通じて生産コストを引き下げることができる。

　生産のための供給条件の中で，労働力の確保は企業の生産活動にとって決定

的に重要である。企業の生産活動を推進するのはそこに働く従業員である。一定数の労働力が確保できなければ活動は維持できない。たとえ，需要があり，販路が拡大できるとしても人手不足により生産が継続できないために生産活動を断念せざるを得ない場合さえある。したがって，経済全体としても経済成長のために労働の増加が必要となる。この労働は家計によって供給される。家計は消費者であるとともに労働の供給という重要な役割を果たしている。

　労働は量だけでなく質も重要である。企業の生産活動が順調に遂行されるためには，できるだけ良質な労働力が必要となる。戦後の日本経済が高い成長を実現できた理由の1つは，良質な労働力があったからである。日本の労働者は勤勉であり，学力もすぐれているために，あらゆる仕事に柔軟に対応できる。それが経済の発展を可能にしたといえる。

　労働の質を高めるためには教育が必要であるが，より高度な教育を受けるためには経費もかかる。それを負担するのは家計である。高度成長期には賃金の上昇がそれを可能にしたといえる。また，社会で活躍するためには，肉体・精神の健全な発育も必要であるが，これも家庭や学校を通じて育まれる。その面からも，家計の果たす役割は大きいといえる。

　さらに，企業で働くこと自体，肉体的にも精神的にも大きな負担となる。それを日常的に解消し，労働を持続する上で家計の果たす役割は大きい。健康の維持には毎日の食事が重要であるが，それは家計に任されることになる。教育，健康の維持には家計の経済的な安定が不可欠となる。それを担保するためには，所得の安定的な増加が必要である。

　今日，少子化による人口減少が人手不足をもたらし，経済活動を制約する要因になっている。少子化対策として，家計が安心して子育てできる環境が求められる。子育てに関する制度面の充実は必要であるが，基本的に重要なのは，家計の経済的耐久力の向上である。そのための優先課題は，雇用と賃金の安定的な確保である。

# 2 日本的雇用慣行と賃金

　経済活動の基本は，企業による生産と家計による消費である。現実の経済活動において，生産と消費は循環的な関係を持っている。企業の生産が活発化し，経済が成長すると雇用が拡大する。雇用増加は所得の増加を生み出すので，それが消費の増大へとつながる。消費の増大は企業の生産拡大を促す。

　バブルが崩壊する 1990 年までこうした生産と消費の循環の中で，家計は賃金の上昇を通じて安定的な所得を確保することができた。それを実現したのが，終身雇用，年功序列賃金，企業別組合からなる日本的経営と呼ばれた長期雇用慣行である。戦後，経済は高い成長率を維持してきたが，その間，人口は経済成長率ほど高い成長率を示していない。その結果，企業はつねに人手不足の状態にあった。それを背景として，雇用確保のための独特な雇用慣行が実現することになる。それが年功序列賃金を基本とした賃金構造の形成である。

## （1）成長経済と賃金

　バブルが崩壊する 1990 年までの日本経済は，「右肩上がりの経済」であった。高い経済成長の下で，生産年齢人口が増加し，雇用労働者も増加していったが，労働需要に労働供給が追いつかなかったので，企業は慢性的に人手不足であった。中学を卒業した人たちは「金のたまご」といわれたほどであった。

　また，1990 年まで，日本経済は恒常的に物価上昇が続くインフレ経済であった。そのために，物価上昇に対応する形で賃金も毎年上昇していった。それにより，所得の増加にもとづく大量消費が実現する。その間，株価も上昇し，地価も上昇した。高い経済成長，持続的な物価上昇，賃金上昇，株価上昇，地価上昇，まさに，右肩上がりの経済であった。

　こうした経済状況の中で，賃金構造にも大きな特徴が見られた。成長経済にあっては，生産の増加を実現するために年々雇用の拡大が必要となり，従業員の確保が企業にとって大きな課題となる。そのためにとられたのが，終身雇

用，年功序列賃金である。日本的経営といわれるこうした雇用方式は，成長経済における雇用維持のための手段であったといえる。賃金が勤続年数に応じて高まるという構造は，終身雇用を前提に成り立つものであるが，そこには，長く勤めることによって技能や能力が上がるということも期待されていた。

## （2）年功序列賃金のメリット

　年功序列賃金は，企業にとっても労働者にとってもメリットがあった。まず，企業側のメリットをみていく。企業にとっては，長期にわたって労働者を企業内に留めておくことを可能にする点で有効であったが，より実質的なメリットもあった。

　新規の採用は中学，高校，大学の新卒者が対象であり，それによりキャリアの浅い若年労働者を低賃金で雇うことができた。しかも，より安い賃金で多くの若者を雇うことで，そこに生じた余剰資金を設備投資に回すことができた。これは高度成長期に多くの投資資金を必要とした企業にとっては有利であった。さらに，投資拡大による収益の増大が勤続年数に応じた賃金引き上げを可能にした。そこには，若年者を安い賃金で雇用することで，賃金として受け取る分を企業に強制的に出資させ，それを企業が投資に回し，その成果を配当の代わりに賃金引き上げの形で還元していくという関係が成り立つことになった。そこから，労働者は「株券なき株主」と呼ばれることになる。

　企業にとってのもう一つのメリットは，社員教育の成果を長期にわたり維持することができたことである。自社の仕事に役立つ社員に育てるためには時間とコストがかかる。これは企業にとっては大きな経費となる。それゆえ，育て上げた人材が転職という形で社外に流出してしまうと大きな損失になる。勤続年数が長くなるほど賃金が高くなり，定年時にはその勤続年数に応じて退職金が支払われるというシステムは，労働者を定年まで確保しておく上で有効であった。

　一方，終身雇用の下で賃金の上昇がシステム化されていることは，労働者にとっても大きなメリットがあったといえる。将来にわたり雇用と賃金が確実であるとの期待を持つことができることは，消費を支える最も大きな要因となっ

た。さらに，賃金の確実性が高まることで，結婚，出産，子供の教育，住宅購入，老後の資金といった人生の各ステージにおける支出計画を立てることができた。

　また，終身雇用によって将来にわたり雇用が確保されると期待することができたので，職場においても安心して資格の取得を含む技能の向上に取り組むことができた。さらに，企業内における長期にわたる業務上の訓練である「オン・ザ・ジョブ・トレーニング」を通じて，熟練労働者から若年労働者への技術移転が可能になることで，会社全体として生産性の向上を図ることができた。それは企業にとっても有利であった。

　年功序列賃金は労働者にとって資産運用に関してもメリットを持っていた。家計は企業に労働を提供して，その見返りに賃金を得ることで消費を行うが，その一部は将来の必要に応じて貯蓄する。それは資産の蓄積を意味する。資産は合理的に運用することが望ましいが，日本の家計は資産の多くを預貯金という安全資産で運用する傾向がある。これは現在でも変わることのない特徴である。この傾向は終身雇用のもとで年功序列賃金にもとづいて形成されたということができる。

　日本の労働者は低賃金のために若年時には資産を形成するほどの余裕を持たないが，その代わりに企業が設備投資という形で運用しているといえる。これは，労働者が貯蓄を収益性の高い株式投資といった危険な形で運用しなくても，代わりに企業が投資に使うことにより，その成果を勤続年数が上がるにしたがって賃金上昇という形で還元してくれるとみることができる。それにより，中高年になると生産性を上回る賃金を得ることができ，定年時には退職金を受け取ることができる。それにより，生涯にわたり生活設計が可能になるということである。

## （3）長期雇用保障と年功賃金の代償

　これまで述べたように，終身雇用と年功序列賃金は，企業にとっても労働者にとってもメリットがあったといえる。しかし，そこには問題もあった。とく

に雇用される労働者の生活にさまざまな制約を生むことになる。

その一つは，企業が長期の雇用保障と年功賃金の代償として，労働者に長時間労働を求めたということである。そのために，残業により帰宅時間が遅くなることが慢性化していった。世帯主の長時間労働は，家庭における家事，育児の負担を配偶者に押し付けることになる。会社における配置転換や転勤も頻繁に行われるようになる。企業にとっては，その時の経済状況に応じて労働者を自由自在に移動させることで，合理的な経営が可能となるが，そのしわ寄せを家計が全面的に引き受けることになる。それは賃金のために家庭生活に犠牲を強いるものであったといえる。

このことは，女性の社会進出を妨げる要因にもなっている。男性と同様に女性も高校，大学を卒業すると会社に就職するが，女性は結婚，あるいは出産を機に退職するケースが多くみられる。その基本的な理由は，結婚後は家事に専念するためである。本人の仕事に対する意欲や能力に関係なく家事，育児に専念せざるを得ないことが，夫の会社での拘束時間の長さと関係しているということができる。社会での活躍を望む女性の未婚化，晩婚化，既婚未出産といったこともこうした雇用慣行と関連があるといえる。それは，現代社会が直面する少子化問題とも関係することになる。

さらに，終身雇用，年功賃金のもとで，企業が新卒一括採用の方式をとっていることにより，就職時点で賃金の高い大企業に就職できるかどうかで生涯賃金の大きさが決まる可能性がある。そのために，できるだけ偏差値の高い高校，大学に進学するための受験競争が激しくなる。それは，子供を幼児期や小学生の時から学習塾に通わせることになり，家計の教育費の負担を増やすことになる。また，こうした教育費の負担の差が学力の差を生み，教育格差を生むという問題を生じさせることになる。長期的な視点で見れば，これは社会の階層化を生む可能性があり，より高度な教育の機会を逃してしまう若者が増えると，所得格差の拡大から社会不安を生むことにもなる。

1990年までの成長経済におけるインフレの進行も賃金の増加と関連があった。成長する経済の下ではマイルドな形で物価が上昇し続けた。生活給の性格

の強い賃金は，年功序列賃金の下で物価上昇による実質所得の目減りを防ぐという意味でも毎年上がり続けた。一方，賃金の上昇は企業にとって賃金コストの上昇につながるため，それが価格に転嫁され物価を押し上げたので賃金と物価が循環的に上昇していったのである。

## （4）日本的雇用慣行と間接金融

　戦後の成長経済における雇用慣行である年功賃金のもとでは，若年期に低い賃金で働いても，中高年になるにしたがって高い賃金を獲得することができた。そのために，家計は賃金以外の資産運用による収入増加に積極的でなかった。働いて得た所得のうち，消費した残りは安全資産である預貯金の形で保持する家計が多かった。これは現在も変わることがない。多くの家計が，株式，債券といった危険資産での運用を回避する傾向にある。

　これは，戦後において日本の金融が間接金融に偏っていたことと密接に関係している。金融は，経済において資金余剰部門から資金不足部門に資金をスムーズに融通する役割を果たしている。そのルートは大きく2つに分けられる。直接金融と間接金融である。直接金融は，資金を必要とする部門が余剰部門から直接的に資金の融通を受けるものである。具体的には，企業が株式や債券を発行し，それを人々に購入してもらうということである。間接金融は，人々が銀行といった金融機関にお金を預け，それを企業が借りるというものである。したがって，間接金融では資金の借手と貸手の間に金融機関が介在することになる。

図2－2　直接金融・間接金融

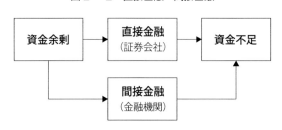

　戦後の日本は経済全体として資金不足であり，企業の投資資金をどのように調達するかが大きな課題であった。そうした中で，人々の零細なお金が信用金庫，信用組合，農業協同組合，地方銀行といった中小金融機関や郵便局を通じて集められ，それが都市銀行を通して大企業に貸出されたのである。こうした間接金融では，人々が安心してお金を預けることができるために，銀行はつぶれないという保証が必要であった。これを可能にしたのが，旧大蔵省による金融行政である。都市銀行だけでなく中小金融機関も経営が成り立つように競争を制限する「護送船団方式」がとられた。これによって，人々は安心して各種の金融機関にお金を預けることができた。年功賃金のもとでは，配当は高いが元本保証のない株式や債券のような危険資産よりも，元金が保証され，いつでも引き出し可能な銀行預金のような安全資産の形態が選択される。この傾向は現在も変わっていない。危険資産の形で資産を運用する家計は多くない。

　しかしながら，時代と共に金融資産の蓄積が進んでいる現代にあっては，資産管理・資産運用が求められるようになっている。欧米を見ても，家計の資産運用において資産全体に占める株式・債券の比率は5割を超えている。それに対し，日本の家計は，長い間の習慣で自ら資産を運用するという経験が少ない。資産運用に関する知識も不十分である。

　資産を運用する場合には，資産の「流動性」，「安全性」，「収益性」の3つを考慮する必要がある。必要なときにすぐに現金化できるかどうかが流動性である。銀行預金であれば，必要なときにすぐに現金化できる。その意味で流動性100％である。安全性は元本が保証されているかどうかである。銀行預金はペイオフ（1,000万円）の範囲ではあるが，元金が保証されている。収益性はその資産が生み出す収益であり，銀行預金であれば利子である。日本では，2000年以降超低金利の状態であり，利子収入はほとんど期待できない。しかも，銀行預金はインフレによる実質価値の目減りを防ぐことができないという面もある。これに対し，例えば株式は現金が必要なときに現金化に時間がかかるために流動性は低い。また元本の保証はないので安全性も高くはない。ただし，銘柄にもよるが配当あるいは値上がりによる売却益という点で収益性が高い。イ

ンフレにも強いという面もある。ここからいえることは，資産の種類によって
すべてが満たされるわけではないので，個人の資産状況と将来計画にしたがっ
て分割して保有する必要があるということである。これは，これからの家計の
課題であるといえる。

# 3  経済学に見る消費と経済

　いつの時代にも，消費はその社会の豊かさを象徴するものである。消費は総
需要の主要な構成要素であるために，経済学においても重要な分析対象となっ
ている。これまで，マクロ経済の視点から家計の消費活動をみてきた。ここで
は，これまでの経済学の歴史を振り返り，経済学の中で消費がどのように扱わ
れてきたのかをみることで，マクロ経済と消費の関係を再確認しておく。

## （1）マンデヴィルの消費経済論

　消費が社会的に注目を集めるようになったのは，17世紀後半から18世紀初
頭にかけてのイギリスである。15世紀後半から始まる大航海時代を経て，17
世紀に至り世界貿易の拡大によりイギリスを中心とするヨーロッパ諸国は繁栄
の時代を迎えることになる。とくに，イギリスは貿易により，コーヒー，紅
茶，砂糖，たばこ，香辛料，絹などの嗜好品，贅沢品の流入により消費革命と
称されるほどの繁栄を謳歌するようになる。

　17世紀後半，イギリスでは消費活動が活発化する中で，飲酒による風紀の
乱れを危惧するキリスト教徒たちにより「風俗刷新協会」が設立され，奢侈的
風潮の抑制と風紀の取締りが強化されることになる。これに対し，オランダ出
身の医師であり，社会問題に関する批評家でもあったバーナード・マンデヴィ
ルが，1705年，「ブンブンうなる蜂の巣―悪人が正直者になった話―」という
長編の詩を書き，奢侈こそ経済の繁栄の基礎であることを主張し，宗教的理由
からの消費の抑制に反対した。

　マンデヴィルの書いた「ブンブンうなる蜂の巣」は，17世紀後半のイギリ

スにおけるキリスト教の指導者の活動を風刺する内容であったことから，当時の教会から厳しい批判を浴びることになる。それに対する弁明のために書いた注釈文を集めて一冊の書物にして，1714年に出版したのが『蜂の寓話』である。マンデヴィルはその中で，消費が経済の発展にとっていかに重要であるかを力説している。マンデヴィルによれば，当時のイギリスの繁栄は，人々が虚栄心を満たすために奢侈的消費を行うことによってこそ実現できるというものである。消費することにより生産物が売れる。それが新たな生産を生み出し，雇用を拡大し，所得を高めるということである。それゆえ，もし贅沢が規制され，人々が質素に暮らすようになったら，経済活動はどうなるか，それは生産したものが売れなくなることを意味するので，経済は一挙に衰退せざるを得なくなる。マンデヴィルはそれを長編の詩を用いて表現したのである。

　マンデヴィルは，人々の消費が宗教的な圧力によって規制されたときに生じる経済的衰退を詩の形を借りて描いたが，消費の減退が経済活動を衰退させるのはマンデヴィルの時代のイギリスだけではない。何らかの理由で消費が減少する場合には，経済活動は停滞する。1929年にニューヨークの株価大暴落に端を発した世界大恐慌もそうであったし，1990年にバブル崩壊により資産価格が暴落し消費が減退したことにより経済が低迷した日本にも当てはまることである。いつの時代でも，消費の減退は経済を停滞させることになる。

## （2）ヴェブレンの世界

　1714年に出されたマンデヴィルの『蜂の寓話』からおよそ190年後の1899年にアメリカの経済学者ソースタイン・ヴェブレンによって『有閑階級の理論』が書かれた。

　それは，19世紀半ばのアメリカにおける消費社会を描いたものである。当時のアメリカは南北戦争が終わり，北部主導で商工業が発展していく時期であった。1870年代には第2次産業革命を迎え，経済が繁栄していく。経済活動の成果を享受できたのはまだ一部の人たちだけであったが，ヴェブレンは急速な工業化の中で優越的な地位を占めることになる有閑階級の人たちの消費行

動に分析の焦点を当てた。

　ヴェブレンが注目したのは，消費が単なる使用価値を超えて社会の中でステータスを誇示するために行われているということである。大きな富をもつ特権階級にとって，消費は，それを通じて自らの地位と威信を顕示するところに意味がある。社会の中で，金持ち階級であることの社会的な認知を得る手段が消費である。こうした視点から，有閑階級の消費行動を分析したヴェブレンの消費理論は，消費者の行動を効用を得るための合理的行動として分析する主流派経済学とは異質なものであったが，そこに描かれた消費行動についての説明は，消費分析を経済理論の狭い範囲に押し込めることなく，より幅広い視点から考察することを可能にするものであった。

　人々の消費行動の中には，見栄や見せびらかしのために行われるものがある。それらは，消費財の使用から得られる効用を最大化するという意味では必ずしも合理的とはいえないが，いつの時代でも，社会生活の中では，消費を通じてステータスを得たいという欲求が存在する。ヴェブレンはこれを顕示的消費と呼んだ。高級自動車，宝石，毛皮のコート，ブランド品のバッグや靴といった贅沢品は，それを他人に見てもらうことで満足が高まる。そのために，そうした財は高価なものにこそ需要が集まる。こうした消費行動は「ヴェブレン効果」と呼ばれている。消費を社会活動の中に位置づけて論じようとしたヴェブレンの消費行動分析は，現代の消費社会にも当てはまる内容を有しているといえる。

## （3）ケインズ経済学と消費

　マンデヴィルやヴェブレンは人々の奢侈的消費行動に焦点を当てながら，消費と社会生活との関連を考察した。これに対し，マクロ経済の観点から消費需要の重要性を分析したのがケインズである。イギリスの経済学者ジョン・メイナード・ケインズは，1936年に『雇用・利子および貨幣の一般理論』を著し，1929年のニューヨークにおける株式の大暴落に端を発した世界大恐慌の原因を解明するとともに，不況に対する処方箋を示した。

　ケインズは，資本主義経済の危機ともいうべき大恐慌による大量失業の発生を前にして，資本主義経済ではなぜ不況が生じ，失業が発生するのかを分析した。ケインズによれば，失業は生産水準の低下によってもたらされるが，生産が低下するのは，需要が不足するからである。需要があれば，企業はそれに応じて生産を増大させるが，需要が不足する場合には生産を抑制せざるをえない。それが失業を生むことになる。

　第１章で述べたように，経済全体の総需要を構成するのは，消費，投資，政府支出，輸出等−輸入等の４つである。このうち，ケインズが『雇用・利子および貨幣の一般理論』で注目したのは，家計の消費と企業の投資である。そのうち消費需要は総需要に占める割合が大きいだけに，その動きが生産水準に与える影響も大きい。ケインズは，消費を決める要因を所得と消費性向の２つから説明しようとした。消費は所得からなされるので，所得が多ければ消費も多くなる。したがって，消費を決める要因として所得の大きさは決定的に重要であるといえる。もう一つの消費性向は，家計が所得のうちどのくらいを消費に回すかの割合である。これは家計自身が決めるものであるが，一般的に，家計の消費行動は短期的には変化しないので，消費性向は安定していると考えられる。その意味からも，消費を左右するのは所得の大きさであるといえる。消費を決める要因が所得と消費性向であることは，現代においても当てはまる。

## （４）関数論争

　第二次世界大戦後，先進各国が戦争のない平和な時代を迎える。それは経済的繁栄を謳歌する時代の到来でもあった。平時の経済活動においては，消費需要の動向が重要性を増すことになる。そこで，マクロ経済学においても，消費需要の動向をできるだけ正確に予測することが必要となる。そのために，消費を決める要因についての研究が活発化することになる。そうした中から，消費を左右する要因についていくつかの仮説が発表される。これが1950年代に行われた「消費関数論争」である。そこから現代においても消費の動きを説明する上で有効である仮説が示されることになる。

## ■相対所得仮説

　消費関数論争の中で提示された仮説は，消費が所得と消費性向によって決まるとするケインズ理論をベースにしながら，消費を左右する「所得」に新たな解釈を加えるものであった。その一つが相対所得仮説である。それは，消費には習慣的な性質があることに注目するものである。人々は所得の増加につれてより高水準の消費を求めるが，景気後退期に一時的に所得が下がったとしても，いったん高い所得の時に味わった消費をすぐには変えないということである。つまり，現在の所得が低下したとしても，過去の最高所得の時の消費を変えないために消費は所得ほど下がらないということである。それは，消費が現在の所得と過去の最高所得との相対的な関係から決まるということである。これが「相対所得仮説」である。ブランド米を食べた人は，所得が下がったからといって普通米に戻すことはないのである。

　相対所得仮説にはもう一つの仮説がある。それは，人々は他人の消費に影響されて自分の消費を決定する傾向があるということである。消費者には人並みの生活をしたいという意識があるために，友人や近所の人が何を買うかに影響されて自分の消費を決める場合がある。他人の消費は他人の所得からなされるので，これは，消費が自分の所得だけでなく他人の所得の影響も受けるということを意味する。自分の所得と他人の所得の相対的関係から消費を説明する仮説である。他人の消費に自分の消費が左右されることを「デモンストレーション効果」という。こうしたことにより，一時的に所得が低下したとしても，消費はすぐには変化しないということである。その結果として，消費性向は長期的に上昇傾向を示すということである。

## ■恒常所得仮説

　家計が何をもとにして消費支出を決めているかを考察する場合，所得を2つに分けて考える必要があるというのが，「恒常所得仮説」である。この仮説によれば，所得は，毎月の給与のように恒常的に受け取ることが期待できる恒常所得と，株価の値上がり益や予想外の収益増加によって支給される特別ボーナ

スのような形で得ることのできる変動所得から成る。この2つの所得のうち，日常の消費は恒常所得にもとづいてなされるというのが，恒常所得仮説である。

　実際にも，家計は現在から将来にわたって得ることが期待できる所得を基礎にして日々の消費を行っていると考えられる。その意味で，この恒常所得仮説は現実の消費動向を説明する上で重要な仮説であるといえる。景気が低迷し将来所得が不安定になると，家計は消費を控えることになる。これも家計が期待恒常所得にしたがって消費を行っていることを示すものである。

## ■ライフサイクル仮説

　消費は人生のライフステージに応じて行われる点に注目すると，家計は生涯所得を見通しながら消費を行うと考えることができる。これを消費の「ライフサイクル仮説」という。人々は，年代に応じて必要とする支出があり，それを見越して貯蓄を行う。一定の所得からの貯蓄はそれだけ消費を制約することになるので，消費を決めていると同じことになる。

　たとえば，20代には，結婚資金の準備が必要になる。結婚すると育児・教育にお金が必要になる。30代以降は住宅資金のために貯蓄が必要となる。50代以降は，親の介護や自らの老後資金の蓄えが求められる。このようにみると，人生の各ステージにおいて資金の準備が必要になるので，それが消費に大きく影響すると考えられる。これが，消費のライフサイクル仮説である。

　現実の経済においても，年金不安，老後不安は高齢者の消費を抑制することになる。また，若年層においても，雇用不安や賃金の低迷が結婚・出産の妨げになることを考えると，消費動向を説明する上で，ライフサイクル仮説も一定の有効性を持っているといえる。

　これまでみてきたように，消費に影響する所得は，相対所得，恒常所得，生涯所得と多様である。いずれにしても，所得が消費を左右する最も重要な要因であると考えることができる。消費関数が示すいずれの所得についても，その大きさを左右するのは賃金の大きさであるといえる。そこで，次の章では，

1990年代以降，バブル崩壊によって日本の賃金構造がどのように変わっていったかをみていく。

**参考文献**

篠原三代平（1958）『消費函数』勁草書房。

橘木俊詔（2004）『家計からみる日本経済』岩波新書。

Keynes, J. M. (1936) *The General Theory of Employment Interest and Money*, 塩野谷祐一訳 (1983)『雇用・利子および貨幣の一般理論』ケインズ全集第7巻, 東洋経済新報社。

Mandeville, de. Bernard (1714) *The Fable of the bees: or Private Vices, Publick Benefits*, 鈴木信雄訳 (2019)『新訳 蜂の寓話―私悪は公益なり―』日本経済評論社。

Veblen, S. (1899) *The Theory of Leisure Class. An Economic Study in the Evolution of Institutions*, New York. 小原敬士訳 (1961)『有閑階級の理論』岩波書店。

（関谷喜三郎）

---第3章---

# 低成長経済と消費

## **1** バブル崩壊と経済の変容

　第1章の図1−1に示されるように，日本の経済成長率は1990年を境にして平均成長率が1％に満たないという超低成長経済へと移行することになる。短期的には，バブル期の投資，雇用，負債の増加がバブルの崩壊により，一挙に過剰投資，過剰雇用，過剰債務となり，それを調整するために生産活動が停滞したことによると考えられる。

　しかしながら，1990年代に生じた経済変化は，単に一時的な景気調整のための停滞ではなかった。それは，これまで日本経済を形成してきた経済システムに変更を迫るほどの影響を持つものであった。

### （1）右肩上がりから右肩下がりへの変化

　1990年までの日本経済は，成長経済を基調としていた。経済は年ごとに成長し，生産，雇用を増加させていった。その過程で物価が上昇し，インフレが恒常的であったが，賃金も上昇したので消費活動も活発であった。

　生産活動の拡大により，土地の需要が高まる一方で人々の住宅需要も増大したために，地価も上昇し続けた。こうした右肩上がりの経済がバブルの崩壊により一変することになる。当初，経済成長率の落ち込みは一過性の景気変動の一つであり，調整が終われば再び成長軌道に復帰すると思われていた。しかし，予想に反して経済は長期にわたって停滞を続けることになる。政府による

　景気対策の効果もあって，1990年代半ばには一時的に成長率が回復したが，その間も地価は低下し続け，1990年代後半には物価も低下し始め，デフレーションが生じることになる。

　成長率が低下し，物価が下がり，雇用が減退し，賃金が下がる。さらに地価が下がり，株価が下がるという形で，経済は右肩下がりの状況を示すことになった。

## （2）長期停滞の要因

　長期停滞に陥った要因を見てみると，直接的にはすでに述べた雇用，設備，負債の3つの過剰があげられるが，その背後にある不良債権の処理にともなう金融機能の不安定化も大きく作用したと考えられる。バブル崩壊により，大量の不良債権を抱えた金融機関が貸付機能を低下させたことで，新たな分野への企業の投資が進まなくなったのである。さらに，景気停滞の長期化の要因として日本経済の構造的な問題が顕在化してきた点もあげられる。

　それは，生産性が低下したという問題である。経済が成長する過程で生産性が上昇すれば，企業の収益が拡大するので，それによって賃金の上昇も可能となる。生産性の向上のためには，技術革新による最新技術の投入が求められるが，それと同時に労働が生産性の低い分野から高い分野に移動することが必要となる。これまでみてきたように，経済が成長していた時期には，企業は多角的な経営が可能であったので，同一企業内で配置転換，出向，転勤という形で雇用の流動化を図ることができた。しかし，成長が止まり，企業が資源を特定部門に集中するようになると，終身雇用，年功賃金による日本的雇用慣行が産業構造の変化に合わせた労働市場の流動化を阻む要因となる。

　生産性の低下については，1980年代より，日本の高コスト体質を回避するために生産性の高い製造業が海外移転を開始したことで，残された生産性の低いサービス産業の比重が相対的に高まり，それが産業全体の生産性を引き下げることになったという面がある。また，1990年代に総合経済対策として行われた大規模な景気対策が主に建設業中心であったために，生産性の低い建設業

に労働者が移動したことも全体として生産性の低下を招く方向に作用したとみられる。

# 2　長期雇用慣行の変質

　1990年代の前半には，バブル崩壊により景気が低迷し，経済成長が低下していく中で国民所得に占める雇用者報酬の比率が高まり，労働分配率が上昇していくという現象がみられた。景気の低迷により企業の収益環境が悪化する中で，終身雇用，年功賃金といった長期雇用慣行のもとで雇用や賃金が維持されたためである。これは，企業の収益構造をさらに悪化させることになる。

## （1）賃金構造の変化

　景気後退が一時的なもので，生産調整によって再び成長軌道に復帰することができるなら，雇用・賃金の維持は企業にとって合理性がある。しかしながら，平成不況と呼ばれた1990年代の景気後退は長期的なものであった。

　売上高が低下し収益が悪化すると，企業にとって費用の負担が問題になってくる。内需不振で受注・売上高が続落する一方で，バブル期の大量採用や年功賃金による人件費の膨張が企業の経営を圧迫するようになる。こうした状況に対応するために，企業は雇用慣行の見直しを迫られることになる。

　年功序列賃金は，原則として勤続年数に応じて賃金が上昇するシステムであるが，実際には年齢や勤続年数だけで一律に評価されるわけではない。そこには労働者個人の能力や業績が評価され，給与に反映される面がある。企業における賃金は，基本的には，「属人給」と「仕事給」の2つからなる。属人給とは，年齢，勤続年数，学歴といった社員本人の属性によって決まるものである。仕事給は，職務，職種にもとづく仕事内容や職務の遂行の能力，業績に応じて支払われるものである。

　1990年代になると，中高年になるほど賃金に占める属人給の割合が低下し，仕事給の割合が高まっていく。これは，低成長，低収益のもとで，人件費の上

昇に対応するために行われたものであり，年功重視型から能力重視型への賃金体系の移行を示すものである。

この能力重視型賃金体系への移行を示す事例として，管理職を対象とした年俸制への移行があげられる。これは，中高年を中心とする管理職の肥大化にともなう人件費の増大に対し，それを圧縮するための方策であり，これも従来の年功賃金の見直しの一つといえる。こうした賃金構造の変化は，労働者の賃金に対する期待に変更を迫ることになる。定年まで賃金が上昇しつづけるという期待が持てなくなったのである。

## （2）雇用形態の変化

雇用についても変化がみられた。その一つが早期退職優遇制度の活用である。バブル期の雇用増加は過剰雇用という形で企業の負担となるが，終身雇用の下では雇用調整は容易ではない。その結果，労働分配率の上昇という形で企業の収益を圧迫することになる。これに対し，定年前に定年扱いで退職することを可能にする早期退職優遇制度が見直され，雇用削減策に利用されるようになる。制度そのものは1970年代から導入されていたものであるが，これを活用することで構造的に肥大化する管理職の増加に対応しようとしたのである。

また，早期退職優遇制度に代えて，選択定年退職制度を導入する企業も増えていく。この制度は，従業員に対して比較的早い時期に第2の人生設計を描くことを支援する制度であり，硬直化する雇用の流動化を促進するものとしても役立つと考えられた。しかし，実際には，伝統的な雇用慣行の中で，これらの制度を利用して早期に退職する従業員は多くなかった。それゆえ，こうした制度の活用は，経営の立て直しを図るために人件費の削減を求める企業の必要から生じたものであるといえる。

さらに，中高年層を主な対象とする雇用削減策である希望退職制度が導入されることになる。日本の企業では，長い間にわたり企業内での教育・訓練によって人材を養成する仕組みが定着していた。将来の戦力としての期待から，景気後退期にも企業内失業という形での雇用保蔵が許容されてきた。それゆ

え，希望退職制度は終身雇用により同一企業で定年まで勤めあげるという雇用慣行とは相いれないものである。しかし，バブル崩壊後の長期停滞は企業にそれを許さない状況にあった。それは，企業による長期雇用慣行の変更であったといえる。こうした雇用調整はリストラの名のもとに行われることになる。リストラクチャリングとは，本来，事業の再構築を企図した全社的な合理化を意味するものであったが，日本では主に人員整理のための用語として使われた。

　リストラの名のもとに行われる早期退職優遇制度，希望退職制度の実施は，中高年の雇用状況を不安定にしただけでなく賃金も抑制することになる。賃金の抑制については，労働組合の対応も関係している。1990年代後半から2000年代前半にかけて失業が増加する中で，労働組合は雇用を維持する代わりに賃金の抑制を受け入れたのである。これも賃金低迷の一因となった。こうした動きの中で，終身雇用，年功賃金という日本的長期雇用慣行は修正を余儀なくされることになる。

　リストラの問題の一つは，日本の労働市場には再雇用という形での雇用の流動化を実現するための流通市場が形成されていないということである。終身雇用が前提であるために，社内教育がその企業でしか役立たない形になっており，労働者を客観的に評価する明確な基準がない。そのために，転職や再雇用の多くが賃金の低下をともなうことになる。また，企業においても，再雇用労働者を積極的に受け入れる体制が不十分であるために，リストラされた労働者にとっては，転職そのものが不利になるケースが多く見られた。

## （３）非正規雇用の増加

　雇用形態の変化は新卒採用にも及んだ。人件費の圧縮を必要とする企業は新卒の採用を抑制していく。企業は1990年代半ばから2000年代の前半にかけて，新規採用を大幅に削減した。そのために，この期間の新卒者の就職活動は厳しいものになった。それは，フリーター，派遣労働といった非正規雇用者を増加させることになる。とくに，この時期に高校，大学を卒業した人たちは，就職氷河期世代と呼ばれ，やむをえず非正規雇用者にならざるをえなかった人

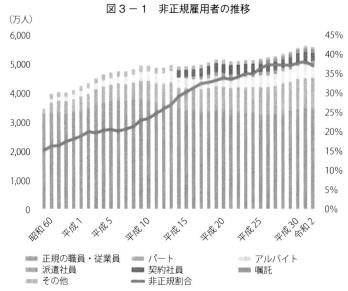

図3－1 非正規雇用者の推移

（万人）

正規の職員・従業員　　パート　　アルバイト
派遣社員　　契約社員　　嘱託
その他　　非正規割合

出所：総務省統計局「労働力調査　長期時系列データ」。

が多い。この世代はロストジェネレーションと呼ばれている。

　また，とりあえず収入と生活の安定を求めて自分の能力や希望する仕事とか
け離れた職についた人たちが，雇用のミスマッチにより短期間で離職するケー
スも見られるようになる。さらに，企業自体が人件費を抑制するために派遣労
働者の雇用を増やしていったために，非正規雇用者が次第に増えていくことに
なる。その動きが図3－1に示されている。ここからわかるように，2000年
以降，非正規雇用者の割合は労働者全体の40％近くを占めるようになってい
る。その多くは，パート，アルバイト，派遣社員，契約社員である。

　非正規雇用者の多くが正社員になることを望んでいるが，学校を卒業した時
点で正規の社員になれないと中途での採用はむずかしいというのが，日本の労
働市場の現状である。非正規雇用者は，正社員に比べて賃金が低く，雇用期間
も有期であるために解雇される可能性が高い。こうした労働者が増えることに
より，雇用不安を抱える低賃金労働者が増加していくことになる。

　非正規雇用の増加は産業構造の変化とも関係している。IT（情報技術）やAI

（人工知能）が企業経営に取り入れられるようになり，事務作業のコンピュータ化により，労働の領域が専門的・創造的な分野と単純作業に二分されるようになる。専門分野は正規の社員が担当し，単純労働は派遣や契約社員といった非正規雇用で賄うようになっている。そこで，非正規社員が増えることになる。単純労働は人材の育成を必要としないので，人材育成のコストも省くことができる。さらに，非正規雇用は一定の契約期間を定めることができるので，景気後退期に人員削減が容易になる。実際，2008 年のリーマンショックの時には派遣切りが社会問題になった。

　図 3 - 1 に見られるように，1990 年代半ば以降，企業はリストラと新規採用抑制を通じて正規雇用者を絞り込む一方で非正規雇用の増加を推し進めてきたといえる。それは，家計間の所得格差という別の問題を生じさせることになる。

# 3　非正規雇用と経済格差

## （1）労働市場の二重構造

　正規雇用に対する非正規雇用の増加は，労働市場に二重構造を生み出すことで，家計の間に所得格差を生じさせることになる。バブル崩壊後，さまざまな形態で非正規雇用が増加している。かつて，非正規の労働者といえば，主婦のパートや学生のアルバイトなどが中心であった。その収入も正規に働く世帯主の収入を補うためのものとみられていた。しかし，現代では，世帯主として家計を支える人たちの非正規化が増大している。非正規労働者は正規労働に比べて賃金，労働時間，昇給，昇進などの労働条件で格差が大きいために，新たな貧困層を形成するという意味で格差問題を生み出すことになる。

　バブル崩壊以前の成長経済においては，経済成長にともなって一億総中流と呼ばれた中間層の拡大がみられたが，現在は，家計が高所得層と低所得層に 2 極化しており，しかも貧困層が拡大する傾向にある。それをもたらしているのが，正規雇用と非正規雇用という労働市場の二重構造である。そこでは，職が

ないから貧しいというだけでなく，ワーキングプアという言葉に象徴されるように働いても貧しいという状況が生まれている。そこには，低賃金でも働かざるをえない非自発的雇用が存在するのである。

## （2）規制緩和の問題

　正規・非正規雇用という二重構造の問題を考える場合，労働市場の規制緩和にも注目する必要がある。非正規雇用の増加は労働者派遣法の改正以降に目立つようになっている。労働者派遣事業は 1985 年の労働者派遣法の制定によって合法化されたが，当初，派遣対象業務は専門性の高い業種に限定されていた。それが 1999 年の改正で一部の業務を除いて原則自由化された。さらに，2004 年の改正で製造業への派遣が自由化された。これにより，正規雇用から派遣社員への代替が進み，非正規雇用者が増加する一因になったとみられる。

　バブル崩壊後の低成長経済において，企業はコスト削減と産業構造の変化に対応するために労働者の非正規化を進めてきた。経済環境の変化に対応するという意味では，企業にとって必要なことであったかもしれないが，問題は派遣法改正のもとで，派遣会社を通じた非正規雇用が労働者の生活を不安定にする状況を生み出しているということである。

　労働者派遣法の下では，労働者は派遣事業者に雇用され，そこから仕事場である企業に派遣されるので，労働者を雇う会社と実際に労働者を使用する企業は別のものになる。そのために，雇用者である派遣企業と使用者である企業の間で労働者保護の責任が曖昧になるケースが生じる。企業の中には，直接に現場の担当者が派遣会社と契約して派遣を受け入れるケースもあり，責任の所在が一層曖昧になる場合もある。それが，低賃金での雇用だけでなく，労働時間，安全衛生管理等を含めていろいろな面で非正規雇用者の労働条件を不利なものにすることになる。

　なお，正規社員と非正規雇用の労働条件の違いにも目を向ける必要がある。とくに，同様な仕事をしながら，正規と非正規では賃金に大きな差がある。これについては，正規，非正規を問わず「同一労働・同一賃金」の原則を実現す

るために，賃金のあり方を再検討する必要がある。

## （3）キャリア形成の不備

　非正規雇用の問題の一つに労働の質の劣化がある。労働は経済活動を支える重要な生産要素であるために労働量だけでなく質の向上も重要である。一般に，労働者は職場内の社員教育によって仕事に関する基本的なスキルを身につけることができる。また，次第に複雑で高度な仕事を任せられるようになり，職階も上がることにより仕事に関するより高度なスキルを身につけることができる。それが賃金の上昇にもつながっていく。職場におけるキャリア形成である。

　しかし，非正規雇用者にはそうした機会が十分に与えられない。単純な仕事だけを任されたり，短期間で職を変えざるをえない状況が続くと，将来必要となるスキルを身につける機会を持つことなく一定期間が過ぎてしまう。専門的な知識を身につけることができないと，仕事を通じて十分なキャリアを積むことができない。そのために，非正規社員から正社員に転換することも難しくなり，他の企業に中途採用される可能性も低くなる。そうなると，所得が伸びず，不安定な生活から抜け出すことが困難になる。

## （4）若者の雇用問題

　非正規雇用については，若年労働者の問題もある。すでに述べたように，バブル崩壊以降の低成長時代において，労働環境の悪化が大きな問題になっている。リストラによる中高年労働者の生活不安も大きな問題であるが，若年労働者も同様な問題に直面している。

　低成長下で十分な成長が望めないと企業は新たな採用に積極的にならない。新規の採用は若者が中心なので，その雇用が増えないと若者の雇用環境も改善されない。企業にとって，若者の雇用は将来への投資という面があり，コストがかかる。そこで，成長が期待できない状況では，とりあえずコストの安い非正規労働者を採用することになる。また，産業構造の変化にともない第三次産

業が全産業の70％を占めるようになっている。中でも飲食サービス，卸・小売業，宿泊業，介護サービスなどの需要が高まっている。こうした分野では，短い訓練期間ですぐに仕事のできる単純労働が多いので，非正規労働者で賄うことができる。こうした状況も若年労働者の非正規化を促進する要因になっていると思われる。

　若者の雇用問題については，構造的な問題もある。それは企業が景気の変動に応じた雇用調整を新規採用の増減によって行うということである。好景気には多くの人手が必要とされるが，不景気には労働の削減が求められる。その場合には，若者が雇用調整の対象にされることになる。バブル崩壊後の就職氷河期において若者の正社員としての雇用が抑制され，非正規雇用が増えたのも，それによるものである。それは，景気の変動の中で，すでに雇われている中高年の雇用が保護される一方で，これから雇われる若者が不利になるということでもある。日本だけでなく若者の失業の多いヨーロッパでも同じ傾向が示されている。

　ヨーロッパの若者たちの失業を説明するために用いられたのが，「インサイダー・アウトサイダー理論」である。インサイダーとはすでに雇われている労働者であり，アウトサイダーはこれから就職を希望する新卒者，失業者，転職希望者である。企業にとって，インサイダーを解雇するのは法的にも難しく，コストもかかる。また，その企業にとって必要なスキルを身につけている従業員を解雇するのは不利である。一方，アウトサイダーを雇わないことには何のコストもかからない。しかも，企業が労働条件を交渉する相手は既存の従業員である。労使交渉においてアウトサイダーの雇用が考慮されることはない。インサイダーの利益は保護されるがアウトサイダーは不利になるということである。その結果として，若者の非正規雇用が増えることになる。

## （5）低賃金と合成の誤謬

　成長が期待できず，経済が不安定な状況では，企業にとって賃金が低く，雇用期間が短期である非正規雇用は好都合であるといえる。ただし，低賃金労働

者の増加は，所得水準の低下により消費需要を停滞させる一因にもなる。それは結果として，企業の売り上げを低下させ，生産減少や設備投資の減退を招くことになる。それにより，経済成長が低下すると，さらに生産・雇用が縮小するという悪循環を生むことになる。ここには，コスト削減のための賃金抑制という個々の企業にとって合理的と思われる行動が経済全体にとってはマイナスに作用する「合成の誤謬」が生じることになる。

　非正規雇用という不安定な就労形態が，現在だけでなく将来の生活も不安定にさせるために，将来所得の不確実性が現在の消費を抑制する方向に作用する。そこには，企業が利潤の確保を目指して賃金を切り下げると，所得の低下が消費需要を減少させるために，売り上げが落ち利潤が低下してしまうという，ケインズが『雇用・利子および一般理論』で指摘した「賃金切り下げのパラドックス」が当てはまる状況があるといえる。

## (6) 成長産業の育成

　正規・非正規という雇用の二重構造を解消し，消費の持続的な増加を実現するためには，収益を高め，雇用を生み出す機会を拡大する必要がある。

　その一つは，デジタル化の推進である。雇用を確保し，賃金を上げていくためには生産性の向上が必要である。そのためにはデジタル化による業務の効率化が求められる。現在でも，マニュアルや請求書のペーパレス化や Zoom を用いたオンライン会議やオンライン商談が進められている。各産業でも，それぞれに応じてデジタル化による業務の効率化が進んでいる。たとえば，スマートフォンアプリの位置情報を使ったタクシーと乗客のマッチング・サービスは，営業の効率化によりタクシー業界の収益向上に寄与すると思われる。製造業では，AI を搭載したロボットの導入により，ヒューマンエラーの防止や生産性向上が可能となる。自動検出システムの導入も進んでいる。金融業では，預金や振り込み，送金といった窓口サービスがスマートフォンで代替されている。また，コンビニやスーパーでのセルフレジの導入もデジタル化の一つといえる。各産業におけるデジタル化の推進は，生産性の向上を通じて賃金の上昇，

雇用の拡大を可能にすると考えられる。

　成長産業として注目すべきもう一つの側面は，地方経済の活性化である。バブル以前には，道路，橋，港湾事業といった公共施設の建設が地方経済を支える重要な柱であった。また，大企業の工場誘致も地方の雇用を支える役割を担っていた。しかし，財政赤字の累積による公共事業の縮小やグローバル化による企業の海外移転によって地方の雇用創出力は大きく低下している。ただし，地方に産業再生の可能性がないわけではない。ミクロの視点から日本経済を見直してみると，さまざまな地域で特色を生かした産業の活性化が可能であることがわかる。

　たとえば，農業をみると南北に長い地形の日本では地域によって気候が異なるために，野菜についても果物についても各地で特色ある農産物が生み出されている。また，安全で高品質な農産物は国内だけでなく海外でも注目されている。したがって，輸出品としても期待できる。また，野菜工場に代表されるように，自然条件を克服できる生産方法の革新も進められている。それはこれまでの個人的な農業経営から農業法人による大規模投資への転換を示すものでもある。農産物の生産としての1次産業に留まらず，製品化し，販売も行うような6次産業化もみられる。それらは，農業部門での雇用創出を含めて地域の活性化を促すと考えることができる。

　地域活性化として期待できるもう一つの産業が観光である。長い歴史を持つ日本には，各地にさまざまな名所や旧跡がある。また祭りをはじめとしていろいろな行事や文化がある。それらは国内の人たちだけでなく，外国人観光客を誘致する魅力を有している。こうした観光資源を生かすことで，地域の活性化を通じて雇用創出も期待できる。

# 4　消費需要の低迷

　2010年代に入り，2012年12月に第2次安倍内閣が発足し，デフレ脱却を目指して積極的な経済政策が実施されることになる。アベノミクスである。それ

は，異次元金融緩和，機動的財政政策，成長戦略の３本の矢からなる政策であった。

　2013 年に入ると，政策実施の効果により株高，円安となり，それをきっかけに経済成長率が上昇し，物価も上昇の兆しを見せ始める。企業収益も増加し，雇用が増えたことにより，それが景気回復につながると期待された。しかし，企業の期待成長率は低く，収益増加により内部留保が蓄積していく割に設備投資は増加しなかった。人件費を低く抑えるという傾向にも変化はなかった。それは，結果として消費を低迷させることになる。

## （1）賃金の低迷

　2010 年代を通じて雇用が増加したにも関わらず賃金は伸びなかった。その理由の一つは，非正規雇用の増加にある。正規雇用者と異なり非正規雇用には年功賃金が適用されない。そのために，勤続年数が増加しても賃金が上がらない。こうした非正規雇用が労働者全体の 40％近くを占める現状では賃金は低迷せざるをえない。それは，正規と非正規の間で所得格差を拡大させることになる。一方，正規社員の給与も上がらなくなる。第２章の図２－１でみたように，2000 年以降，賃金は低迷している。その意味で，年功賃金が当てはまらない状況が生じているといえる。

　労働需要が増大するにも関わらず，賃金が伸びない理由として，女性のパート労働の増加や定年後の高齢者の労働継続によって，労働市場で労働需要の増加に対し労働供給が柔軟に対応できているという面がある。労働市場では需要が供給を上回れば，人手不足によって賃金は上昇すると考えられるが，需要に対して供給が対応できている場合には，賃金は上昇しない。しかも，高齢者や女性の賃金は正規雇用者よりかなり低く抑えられている。

　また，企業が将来の経済状況に確信が持てないために，賃金の引き上げをためらうという面もある。そこには，賃金の下方硬直性という問題がある。賃金は，上げることは可能だが下げることは極めて難しい。そこで，収益が下がったときのことを考慮して引き上げるのをためらうということである。

　さらに，低成長下においてコストの価格転嫁が難しいということもある。賃金の引き上げは，企業にとって労働コストの上昇となるので，収益の低下を防ぐためにコスト増加を価格に転嫁させる必要がある。しかし，これが二重の意味で困難となっている。一つは，価格引き上げによって顧客離れが進み，売り上げを減少させる危険があるということである。もう一つは，取引先企業から価格の引き上げを拒否されたり，取引先そのものを失う危険があるということである。結果として，正規雇用者も非正規雇用者もともに賃金の引き上げが困難な状況にあるといえる。

　ただし，生産活動が労働雇用量に依存していることを考えると，現在進行している人手不足が賃金の引き上げをもたらす可能性は十分にある。人口減少の影響で生産年齢人口が減少する中で，コロナが収束し，人々の消費が回復するにしたがって，飲食，旅行，学習，介護サービスといった人手を必要とする産業では，人手を集めるために賃金を引き上げざるを得なくなっている。また，IT産業でも生産拡大のために人手を必要としている。人手不足は産業間での労働者の争奪戦を生じさせる可能性がある。それは賃金の上昇をともなうことになる。しかしながら，そこに生産性の向上がともなわないと，雇用確保のための賃上げが収益を低下させることにより，企業活動を停滞させる可能性のあることにも注意する必要がある。

## （2）ゼロ金利と公的負担増加

　家計にとって，賃金が伸びない状況では，恒常所得に期待が持てないために，消費を増やすことができない。安倍政権により2013年からアベノミクスという形で大胆な経済政策が実施されたが，それが家計の所得増加につながる効果を発揮したとはいいがたい。

　2013年からアベノミクスの一環として，日本銀行による異次元の金融緩和政策が実施され，金利がほぼゼロの状態になった。これは資金を調達して投資を行う企業にとっては有利になるが，企業の成長期待が小さいために投資の拡大は期待されたほど大きくならなかった。通常，金融政策による金利の低下に

は，投資を拡大させ，それが総需要の拡大を刺激することで，生産・雇用の拡大をもたらし，家計の所得増加，消費の増大を通じて経済活動を一層活発化させるという効果が想定されている。

金利低下 ⇒ 投資拡大 ⇒ 総需要増加 ⇒ 生産・雇用増大 ⇒ 家計の所得増加 ⇒ 消費増加 ⇒ 生産拡大

しかし，現実にはこのルートは成り立たなかった。一方，依然として資産の多くを銀行預金の形で保有している家計は預金金利の低下により金利収入がほとんど見込めなくなった。これは消費需要にとってはマイナスであるといえる。

家計にとっては，公費の負担増も消費を低迷させる一因となる。2013 年 1 月から東日本大震災の復興事業の財源として復興特別所得税（所得税に対して21％の付加税）が課されている。2019 年 10 月には消費税が 8％から 10％に引き上げられた。厚生年金の保険料率も 2004 年から 2017 年 9 月まで毎年 0.354％ずつ引き上げられ，18.3％になっている。保険料率の引き上げや所得税の増税措置は家計の収入に対する公的負担の割合を上昇させ，可処分所得の伸びを抑制することになる。これも家計の消費を低迷させることになると考えられる。

## （3）将来の不確実性

家計にしても，企業にしても経済活動を行う上で将来の不確実性が行動を制約する大きな要因となる。家計は将来の期待恒常所得に応じて消費行動を決めると考えられるが，それは雇用と賃金に依存する。終身雇用が崩れ，年功賃金も変化しつつある中で，家計は恒常所得の獲得に楽観的な見通しを持ちにくくなっている。

高齢社会の進展も将来の不確実性を高める要因となっている。消費のライフサイクル仮説にしたがえば，人々はライフサイクルの各ステージに応じて消費と貯蓄を配分し，退職後は現役時代に蓄えた貯蓄を退職後の消費に回すと考えられる。団塊世代の人たちが全員 75 歳以上となる 2025 年には高齢化が一段と

進む。消費の大きさは人口にも依存するので，高齢者が消費の大きなマーケットになると期待できる。

　しかし，高齢者の割合が増えたからといって消費が増大するとはかぎらない。なぜなら，高齢者はライフサイクル仮説が示すような形で貯蓄を消費に回すことにかなり慎重だからである。人生100年時代を迎え，年金が当てにならない一方で，自分が何歳まで生きるかわからない。長生きすれば準備した貯蓄で生活を賄いきれない可能性がある。医療費・介護費用の心配もある。そこで，消費を切り詰めて貯蓄の利用期間をより長くせざるをえない。その結果として，多くの高齢者がそれなりに多額の貯蓄を残して亡くなるという現実がある。これは高齢者の消費を不活発にさせる要因となる。ここにあるのは，死亡年齢の不確実性による消費の抑制である。

　家計の消費に影響する要因として，物価の変動も重要である。2000年代から2010年代にわたって，デフレが続いた。これは家計にとってはプラスに働いた面がある。デフレにより物価が下がったことにより，実質所得が増えたからである。また，銀行の預金もその実質価値を増やすことができた。価格低下により，たとえ賃金が上がらなくても消費を維持できたのは，デフレによる価格の低下が一因であるといえる。

　ところが，2022年以降，一転して物価は上昇傾向を高めている。原因の一つは，2020年2月以降，世界的な規模で流行することになったコロナである。短期間のうちに感染者が増え，死者数も増加したことにより，パンデミックが生じ，経済活動を休止せざるをえなくなった。各国で生産活動が急減したことにより，日本の企業も原材料の調達が困難となり供給不足となった。市場では供給が制限された財の価格は上がっていく。そのために，海外から原材料や製品を輸入しているさまざまな企業が収益悪化によりコスト増加分を価格に転嫁せざるを得なくなる。そのために，2021年以降，食料品をはじめとして多くの消費財が値上げされることになった。

　さらに，2022年3月のロシアのウクライナへの侵攻により，ウクライナ戦争が勃発した。これにより，石油，天然ガスといった資源エネルギーの価格が

上昇し，それが電気料金の引き上げをもたらしている。それに加えて，2022年後半には円安が進行したことにより，輸入品の価格が上昇していった。こうして，デフレ下で低下していた物価が一転して上昇を始めた。物価の上昇は家計を直撃する。賃金が低迷する中でインフレが続くことになれば，家計は生活防衛のために消費を切り詰めなければならなくなる。インフレ下で消費を維持するには賃上げが必要である。インフレが進行すれば，売り上げを維持したい企業にとっても賃上げによる家計所得の確保が必要になるといえる。

　家計は，労働にもとづく所得をもとに消費生活を営むので，経済活動においては受け身の形を取らざるをえなくなる。その時々の経済状況に応じて行動するということである。ただし，現代の消費者は所得を消費するだけの受け身の経済主体に留まらず，消費生活を通じて市場経済に少なからぬ影響を与える面があるという点にも注意する必要がある。そこには，これまでと異なる現代消費の変容がある。

**参考文献**
玄田有史編（2017）『人手不足なのになぜ賃金が上がらないのか』慶応義塾大学出版会。
小峰隆夫（2017）『日本経済論講義』日経 PB 社。
関谷喜三郎（2019）『消費需要と日本経済』創成社。
水越康介（2022）『応援消費』岩波新書。

（関谷喜三郎）

─── 第4章 ───

# Z世代の消費行動

## 1 若者世代

### （1）若者の消費

　消費行動の分析において，現在，注目されているのは高齢世代の消費動向である。65歳以上の高齢者が全人口に占める割合は35％を超えており，それがさらに拡大する傾向にある。高齢者は消費の一大フロンティアを形成しており，消費のマーケットとしてその動向が注目されている。

　世代別の消費行動の分析において，注目すべきもう一つの世代が「若者世代」である。少子化により若者の人口全体に占める割合は低下しているが，若者の消費は，将来にわたる消費のトレンドを左右する重要な役割を果たしている。若者は，音楽やファッションに象徴されるように，時代の変化に敏感であり，豊かな感性で流行を先取りするセンスに溢れている。それゆえ，将来の消費市場を展望する上でも若者の消費を知ることは重要である。

### （2）Z世代

　若者の消費を考察する場合には，若者世代の範囲を確認しておく必要がある。若者という場合，そこに明確な定義や範囲はないが，一般的には10代前半から20代後半までを若者と呼ぶことができよう。2022年を基準にすると，1994年（28歳）から2010年（12歳）ぐらいを若者世代の範囲と考えることができる。

　現代では，若者を表すのに「Z世代」という用語が使われている。これはアメリカを中心として現代の若者を表すものとして使われている。この世代は，子供のころからインターネットに触れているデジタルネイティブ世代である。日本でも現在の若者をZ世代と呼ぶことができるが，日本独自の視点からは，この年代の若者を「ゆとり世代」と「脱ゆとり世代」に分けることができる。ゆとり世代は，年代を少し先まで伸ばして1988年（34歳）から1997年（25歳）ぐらいまでの範囲で考えることができる。脱ゆとり世代は1998年以降に生まれた現在10代半ばから20代前半の若者である。

　ゆとり世代は，義務教育において2002年から「ゆとり教育」を受けた世代である。ゆとり教育は，文部科学省の教育指導要領改訂により2002年から2011年にかけて行われたものであり，学習内容をそれまでのものより30％減らし，週休二日制を導入し，教育にゆとりを持たせようとしたものであった。この世代はすでに少子化が進んでおり，各年齢の人口も120万人程度であり，戦後のベビーブーム期の年間最高出生数260万人に比べると，はるかに少なく，それだけ競争の少ない時代の若者といえる。ただし，1990年代後半からデフレをともなう低成長経済が持続しており，生まれながらにして身をもって不景気を感じている世代でもある。経済的な将来不安を背景に，安定志向の傾向が強く，ブランド品の購入や自分の自動車を持ちたいといった高額商品に対する志向も薄れている。この世代は，さとり世代とも呼ばれている。それは，安定志向の中で欲がないようにみえ，酒離れ，恋愛離れなどからどこか悟っているようにみえるということから名付けられたものである。学校でのいじめ問題も背景にあると考えられるが，人間関係に敏感であり，目立つことを避ける傾向がある。

　脱ゆとり世代は，1998年以降生まれの若者である。この年代になると，ゆとり世代よりさらに少子化が進み，各年齢の人口は約110万に減少し，さらに減少傾向が続くことになる。それは競争相手が減少することでもあり，大学入試も容易になっている。安倍政権によるアベノミクスにより，2002年から2007年にかけて好景気の中でアルバイトも豊富にあった。人手不足から就職

率も高くなっている。一方，2008年のリーマンショック，2011年の東日本大震災，2020年のコロナ禍という想定外の事態も経験することになる。消費する若者としてのこの世代の最大の特徴は，スマートフォンが生活の中心になっているということである。情報収集，発信だけでなく消費生活のほとんどがスマートフォンによってなされており，SNSの第一世代といえる。

## （3）若者の人口減少

　消費活動を分析する場合，人口動態も重要な考察対象となる。世界的に見れば，世界の人口の約25％がZ世代であり，消費の主役になっている。そのために世界の多くの企業がZ世代の動向に注目している。

　日本でも若者が流行の最先端にあるという点でZ世代に対する企業の注目度は高い。ただし，図4－1に示されるように，人口の観点から見ると第2次ベビーブームの時期を除き，出生者数は戦後一貫して減少傾向にある。年間の最高出生者数は1949年（昭和24年）の約269万人であるが，図に示されるように，2005年（平成17年）には約106万人であり，1949年のピーク時より160万人も少なくなっている。ちなみに，厚生労働省の発表によると，2022年の

### 図4－1　出生数及び合計特殊出生率の年次推移

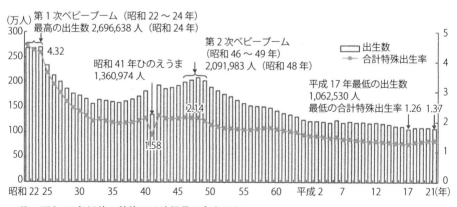

注：昭和47年以前の数値には沖縄県は含まれない。
出所：厚生労働省「人口動態統計」。

出生者数はコロナ禍の影響もあり 79 万 9,278 人に減少し，80 万人を割り込んでいる。少子化は一層加速する傾向にあるといえる。このことは，長期的には人口数を土台とする消費マーケットの縮小を意味するといえる。

## 2　若者の消費動向

### （1）消費に慎重

　1990 年代以降，デフレが継続する中で雇用・所得環境に多少の改善が見られるようになったのは 2010 年代に入ってからである。ただし，依然として賃金は低迷し，消費には力強さがみられない。そうした中で，若者についても，「若者の消費離れ」という言葉に表されているように，消費に対して積極的な態度がみられない。

　図 4 − 2 には，内閣府「日本経済 2022 − 2023」にもとづいて，2010 年から 2022 年までの年齢層別の平均消費性向の動きが示されている。平均消費性向は可処分所得に占める消費支出の割合を表すものであり，消費に対する意欲の度合いを示すものである。これを見ると，2010 年以降，一時的な上昇を除けば平均消費性向は全体的に低下傾向にあるが，とくに 34 歳以下の若者の低下幅がより大きいことがわかる。

図 4 − 2　年齢階層別の平均消費性向の推移

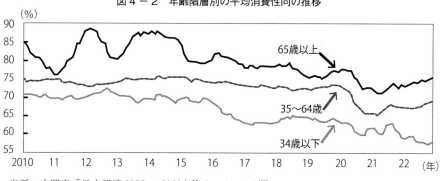

出所：内閣府「日本経済 2022 − 2023」第 2 − 1 − 13 図。

　このことは，2000 年代以降，可処分所得が緩やかに回復する一方で，消費支出は伸びないということを意味しており，各年齢層ともに節約志向が強まっていることを示している。中でも若者にみられる平均消費性向の低下幅の増加は，それだけ消費に慎重になっていることを示すものであるといえる。

## （2）消費支出の減少

　若者の消費動向を 30 歳未満の単身者を対象として見たものが，図 4 - 3 である。ここには，1999 年から 2014 年までの 30 歳未満の単身者の 1 ヶ月当たりの男女別消費支出が示されている。これを見ると，男女とも消費支出を減らしていることがわかる。中でも女性に対して男性の方が大幅な減少を示している。

　次に具体的な項目についてみていく。Z 世代の若者の消費支出についてしばしば指摘されることの一つは，車離れ，酒離れ，といった言葉に象徴される消費支出の減少である。それを裏付けるものとして，総務省が行った 1999 年から 2014 年の調査を見ると，同様な結果が示されている。図 4 - 4 には，自動車に関する 1 ヶ月当たりの支出額が示されている。この調査からは，車離れは若者の単身男性に見られる傾向ということができる。女性の支出額は増加している。

　男性に顕著にみられる車離れの大きな理由としては，購入費用の負担といった経済的問題や車以外の交通手段が利用可能といったものがある。とくに，都市部では交通渋滞により，電車や地下鉄の方が便利な場合も多い。レンタカーやカーシェアリングの利用も車を持たない理由となる。ガソリン代や駐車場代といった維持費にお金を掛ける余裕がないという事情もある。また，車を持つことによる交通事故等の交通トラブルを嫌うという傾向もある。

　経済的な理由は大きな要因であるが，かつての若者が無理しても車を持った時代と比べて車の性能に劇的な変化がないのも現代の若者を引き付けない理由であるといえる。現代の車は走るコンピュータといわれるほどさまざまな制御装置がコンピュータ化されているが，スマートフォンが電話やメールの機能を

図４－３　単身世帯の１カ月当たりの消費支出の変化

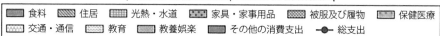

出所：1. 総務省「全国消費実態調査」（単身世帯・全世帯）。
　　　2. 値の無い 2004 年の単身 30 歳未満男性の教育支出は，０として計算。
　　　3. 内訳は表彰単位未満を四捨五入しているため，内訳を足し上げたものと消費支出
　　　　 は一致しない。

はるかに超えてその性能を格段に進化させたことにより若者の必需品になった
ことに比べると，自動車は自動運転や安全機能の向上を含めて，片時も手放せ
ないほどの魅力を持つまでには進化していない。現代の若者の購買意欲を掻き
立てるという意味で，車は開発途上の機器であるといえる。

　女性の車への支出が増えている理由としては，買い物に便利，移動が楽，通
勤に必要といた理由があげられる。

　若者の消費動向のもう一つの特徴はアルコール離れである。図４－５に示さ
れるように，酒類は男女とも支出額が減少している。一般に，お酒の効用は，
飲みニケーションという言葉に代表されるように，職場や取引先関係を含めて
コミュニケーションの円滑化にあると考えられるが，若者にとっては飲酒を通
じたコミュニケーションや楽しい気分といったメリットより，酒を飲むことに

図4-4　自動車関係の1ヶ月当たりの平均支出額の変化

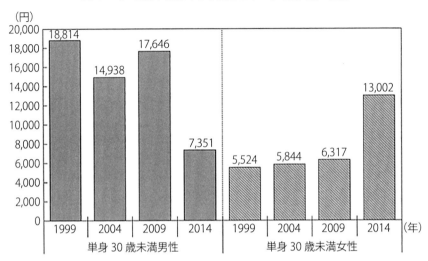

出所：1.　総務省「全国消費実態調査」。
　　　2.　単身世帯（全世帯）のうち，30歳未満男女について品目別平均支出額を記載。

よる時間やお金，付き合いの面倒くささ，体への影響といったコストの方が大きいと考えられる。また，職場の中で酒の付き合いを強要されなくなったことも酒離れを助長していると思われる。

　若者もアルコールに興味がないわけではないが，友人と会って酒を飲みながらコミュニケーションを取らなくても，四六時中SNSでつながっているので，日常的にコミュニケーションが十分に取れているということもある。むしろ，酒を飲む時間があればSNSに使いたいということであろう。また，アルコール自体もノンアルコールや微アルコールが好まれており，翌日まで酒が残るような飲み方や強い酒は好まないのである。アルコール離れの背後には，娯楽の多様化や酒で失敗したくないというリスク回避，さらには健康面への配慮があると思われる。

　消費減少を象徴するもう一つの項目は洋服に対する支出である。図4-6に示されるように，男女ともに1ヶ月当たりの洋服に対する平均支出額は減少し

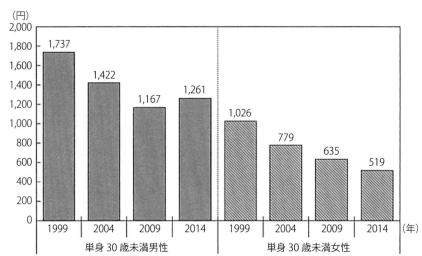

図４−５　酒類１ヶ月当たりの平均支出額

出所：1. 総務省「全国消費実態調査」。
　　　2. 単身世帯（全世帯）のうち，30歳未満男女について品目別平均支出額を記載。

ている。10代，20代前半の若者にとって，支出の元手となるのは，親からの
小遣い，バイト代が中心になるので，支出金額にも制約がある。
　消費実態調査からは若者のファッション離れが見て取れるが，これは若者の
ファッションに対する関心が薄れていることを意味するものではない。若い女
性には，「インスタグラムでスタイルの勉強をしている」という声も多く，
ファッションには大きな関心がある。ただし，おしゃれに対する欲求の内容が
かつての若者と違ってきている面があると思われる。かつての若者がブランド
品を求めたのに対し，現代の若者はスニーカーやデイバッグにみられるよう
に，ブランド品より格安でシンプルな品を求めているといえる。
　現代の若者が洋服を買う時に重視するのは，値段，流行，質，さらには
SNS上の評判であり，ブランドはそれほど気にしていない。洋服に関する情
報は主にインスタグラムやツイッターといったSNSであり，購入する時には，
ファストファッションのお店で格安な品を見つけることができる。また，オー

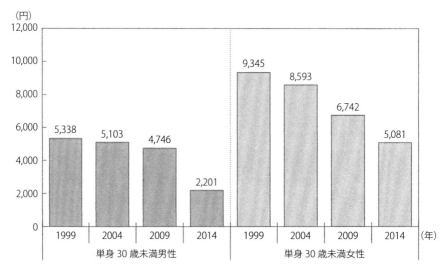

図4－6　洋服1ヶ月当たりの平均支出額

出所：1. 総務省「全国消費実態調査」。
　　　2. 単身世帯（全世帯）のうち，30歳未満男女について品目別平均支出額を記載。

クションサイトで自分の気に入った洋服を安く買うこともできる。

　洋服の購買行動を含めて，Z世代の消費動向を理解するには，SNSの利用と消費の関係に注目することが必要である。若者の行動はSNSを中心になされている。それは，これまで生活時間の多くを費やしてきたテレビの視聴の変化にも表れている。現在の若者はテレビを見なくなっている。今日，若者にとってテレビは終わったコンテンツ（オワコン）だという指摘もある。新聞も同様である。ニュースはスマホで見れば用が足りるということである。とくに，新聞代を払うという選択肢はなくなりつつある。情報源はSNSであり，SNSから得られる情報が行動を左右しているといえる。

　若者の消費の傾向を考察する場合，経済環境について見ておくことも重要である。消費は支出をともなうものであることを考えれば，現代の若者消費を制約する経済的要因にも目を向ける必要がある。

# 3　若者を取り巻く経済環境

## （1）停滞する経済

　若者の消費行動には，経済環境の変化も影響している。図4－7には，戦後における実質GDPの成長率，消費者物価指数，非正規雇用比率の変化が示されている。これらの数値について，ゆとり世代の1988年から1997年，および脱ゆとり世代の1998年から2010年の動きを見てみる。所得水準の動きを左右する実質GDP成長率はバブル期の1988年～90年を除けば，平均1%程度の低成長である。まさにバブル崩壊後の平成不況の時期である。消費者物価指数をみると，1990年代後半にはマイナスとなり，デフレ経済に陥っていることがわかる。

　これはZ世代の若者が育つときに親の世代が不況の波を受けていたということである。終身雇用，年功序列賃金という長期的雇用慣行が崩れ出し，賃金の伸びが止まった時代である。雇用についても，図に示されるように非正規雇用比率が増加していく。結果として，賃金が低迷し，低価格志向が強まっていくことになる。

　低成長，低賃金，雇用不安，デフレといった経済環境の中で育った若者は，家族の生活だけでなく自分の将来についても明るい見通しを持つことが難しくなっている。そこに，少子化による将来の年金の不安が重なると一層将来への希望が持ちにくくなるといえる。安定志向や消費に対する意欲の低さといったこともこうした経済環境が影響していると見ることができよう。

## （2）若者の失業率

　若者の消費を考える場合，若者自身の経済状況も考慮する必要がある。図4－8には，1989年（平成元年）から2010年（平成22年）における若者の失業率の推移が示されている。この図からわかることは，若者の失業率が全労働者の失業率を示す全年齢計と比べて常に高く，その差は3倍近い。バブルが崩壊し

図4－7　実質 GDP 成長率，消費者物価指数，非正規雇用比率の推移

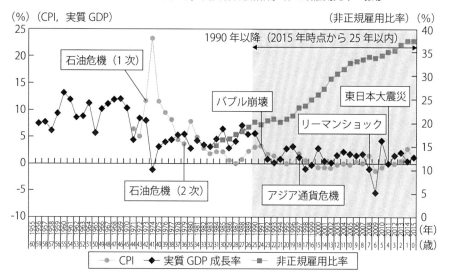

出所：1. 内閣府「国民経済計算」，総務省「消費者物価指数」，厚生労働省「労働力調査（労働力調査特別調査）」。
　　　2. GDP 成長率については，1980 年以前は 1990 年基準（1998 年度確報），1981 年から 1994 年までは 2000 年基準（2009 年度確報）。1995 年以降は 2011 年基準確報（2015 年度年次推計）を掲載。
　　　3. 非正規雇用比率については，1984 年から 2001 年は「労働力調査特別調査」2 月結果，2002 年以降は「労働力調査」年平均結果による。

た 1990 年以降，日本経済は長期にわたる不況に見舞われ，失業率は上昇していくが，企業の雇用削減の影響を最も大きく受けたのが若者であったことがわかる。とくに，1998 年（平成 10 年）から 2005 年（平成 17 年）の就職氷河期には，失業率が 10％を超えていたのである。

　図4－7に示されるように，バブル崩壊以降の雇用の特徴として非正規雇用の増加がみられるが，そこには正規に雇用されなかった若者が数多く入っている。フリーターとなる若者も年間 180 万人から 200 万人に上っている。

　バブル崩壊後の 1990 年代から 2010 年代までの期間をみると，低成長のもと

図4−8　若者失業率の推移

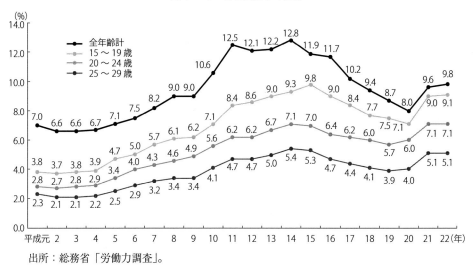

出所：総務省「労働力調査」。

で雇用情勢は厳しく，中高年がリストラで職を失うケースが多く見られたが，若者の雇用はそれ以上に厳しかった。その理由をあらためて確認すると，成長が見込めない経済環境の中で，企業が社員の新たな雇用を手控えたことが大きかったといえる。新規の採用は若者が中心なので，結果として若者の失業率が上昇したということである。

　飲食，小売り，宿泊業，介護サービスなどでは雇用の需要が高まったが，こうした分野ではすぐに仕事ができる単純労働が多いので，アルバイト，派遣労働，契約社員といった非正規で賄われる形になり，それが非正規雇用の若者を増やすことになる。一方で，若者の中には，会社に縛られずに仕事がしたいということで自ら望んでフリーターになる者もいる。近年は，専門的な分野に限らず，フリーランスという形で個人的な雇用契約で働く若者も増えている。そこには，若い時期には，今得ている給与と同じ額を得ることのできる仕事が容易に探せるという意味で転職コストが低いということもある。ただし，非正規雇用の最大の問題は，給与が低いということと，正社員への転職がむずかしい

ということである。とくに，フリーターの期間が長くなればなるほど正社員に
なれる可能性が低下する。低い賃金で働く若者の中には，低収入が結婚の障害
になる場合もあるといわれる。そうした状況が，将来に展望が持てず，消費に
消極的にならざるを得ないという若者の消費行動を生む要因となっていると考
えることができよう。

# 4　若者の消費行動の特徴

　若者の消費を見る場合に，経済環境の変化以上に注目すべきは，デジタル化
の進展による消費環境の変化であろう。従来の常識では，消費は消費者が店舗
で商品を購入するということであった。それが現代では，スマートフォンによ
りいつでもデジタル空間にアクセスし，商品やサービスを購入できる。近年，
スマートフォンが急速に普及しており，2010年に9.7％であった家計のスマー
トフォンの保有率が2020年には86.8％と約9倍になっている。
　1990年代後半から2010年代に生まれたZ世代の若者は，デジタルネイティ
ブ世代であり，子供の頃からパソコンなどのデジタル機器を使いこなしてい
る。そこから，これまでの若者とは異なる消費行動がみえてくる。

## （1）若者の聖地離れ

　若者の消費離れが指摘される中で，それを象徴する事象として渋谷での若者
消費の減少がある。「シブヤ」は若者にとっての消費文化の聖地であり，レ
コード店やライブは渋谷系音楽を生み出し，個性的な古着店に若者が集まっ
た。そこからはコギャルやヤマンバといわれるギャル系ファッションも生まれ
ている。渋谷の若者消費を象徴するのが「シブヤ109（イチマルキュウ）」であ
る。ここには，10代後半から20代前半の女性向けのテナントが多数入ってお
り，それを目指して多くの若者が集まってきた。
　しかし，近年，渋谷における若者消費の売り上げは減少している。これは
2010年代以降に見られる傾向であるが，売り上げの減少をカバーする形で増

えたのが，外国人観光客の増加である。人気レコード店では20代の若者が減り，外国人の客が増えている。若者に人気だった古着店にも中国人が団体でやって来るようになっている。その意味で，渋谷は若者の街から外国人観光客の街になっている。そこにコロナ禍が追い打ちを掛けた形で売り上げが減少したことにより，2020年に入ると109からの若者向けの店舗の撤退が目立つようになる。同じような傾向は，原宿の竹下通りにもみられる。若者でにぎわう街が次第にお客を減らし，それに代わって外国人観光客が増えている。その一方で，新大久保のコリアンタウンの賑わいや下北沢の個性ある古着店の繁盛をみると，若者が新たな居場所を求めて移動したという側面もある。

　若者が渋谷から他の街に移動した理由の一つは，社会の常識から外れた世界を楽しみたいという若者の心を捉えてきた渋谷の魅力が薄れたということも考えられる。売り上げの増加を求めて大企業が渋谷に進出するにしたがって，若者にとって渋谷は居心地のいい場所ではなくなってくる。企業側にしてみれば，若者だけでなくマーケットの拡大が期待できる中高年の「シニア」をターゲットにできるような店舗に改装するのは，少子高齢化社会にあっては当然のことであろうが，それは若者離れを生む要因にもなるのである。

## （2）スマートフォンと消費

　若者にとって渋谷の魅力が薄れたとしても消費そのものが減ったわけではない。若者はどこに消費の居場所を求めているのか。その答えは，スマートフォンの普及にあるといえる。Z世代の若者は，子供の頃からスマートフォンを手にしている。それは単なる通信手段ではない。SNSを通じてあらゆる情報の収集を行い，友達とコミュニケーションを取り，さらには，「インスタ映え」を求めて各地を訪れるというように，日常の行動になくてはならない必需品になっている。

　その利用範囲はきわめて広い。スマートフォンで自分の写真や体験したことをSNSのインスタグラムに投稿する。その写真が「インスタ映え」するとして支持されると，それを見た多くの若者がそこに行き，グッズを買い，飲食を

楽しむ。スマートフォンを開くたびにインスタグラムを見る。そこにある
ファッションやライフスタイルの最新トレンドが目に飛び込むと，それが消費
の対象となる。

　ツイッターの利用も多い。買いたい洋服はツイッターで検索して見つける。
そこにはSNSでシェアされる服を着て歩きたいという若者の志向がみてとれ
る。これまで渋谷が担ってきたトレンド発信機能をSNSが代替している。

　SNSの利用は消費の範囲をさまざまな形で広げている。その一つがSNS上
の「メルカリ」に代表されるようなフリマアプリ（フリーマーケット＋アプリ）
での中古品の売買である。これは，かつての中古品の購入ではなく，SNSを
通じたモノの「シェア」という感覚での売り買いである。モノを所有するので
はなく，必要なものは他人から買い，いらなくなったものは，それを必要とす
る人に売る，これは社会的にみれば社会全体で消費財をシェアするということ
である。それをすばやく可能にするのがSNSである。

　動画配信もSNSを使った消費行動の一つである。かつて，渋谷でみられた
路上ライブやライブハウスでの演奏が動画の形でスマートフォンで見られる。
ファンは動画を見ながら，コメントを投稿したり，花束や東京タワーの形をし
た有料アイテムを送って応援する。そこには，出演者とファンがスマートフォ
ンを通じて一種の絆を結ぶことができる。しかも，そこでは出演者が視聴者と
やり取りしながら自分の好きなブランドや化粧品を紹介することで，それが販
売につながることになる。スマートフォンを使っての消費である。

## （3）「コスパ」と「タイパ」

　若者の生活をみてみると，SNSが生活に溶け込んでおり，利用時間も長く，
学校や仕事以外の多くの時間をSNSの利用に使っている。テレビを見るより
スマートフォンであり，飲み会に参加するよりSNSの利用に時間を使いたい
のである。こうしたデジタル世代の消費の特徴はどのようなものであろうか。

　一般に，消費において重視されるのは「コスパ」である。コスパとはコスト
パフォーマンスのことであり，費用対効果のことである。掛けた費用に対しそ

れを上回る効用が期待されるかどうかが消費の決め手になるということである。これに対し，Z世代がコスパとともに重視するのが「タイパ」である。タイパはタイムパフォーマンスのことであり，時間対効果のことである。費やす時間に対してどれほどの満足が得られるかというものである。現代の若者には短時間でより大きな満足が得られるタイパの高いものが支持される。

　とくに，コンテンツ消費の領域で顕著にみられる。利用に長い時間を要する映画，ゲーム，マンガ，といったコンテンツにおいてタイパが高いかどうかが問題となる。SNSや動画配信サイトで大量のコンテンツに触れる中で最短時間で最大の成果を得ることが重視されるようになっている。それに対応するために，短縮動画アプリや動画配信の倍速再生モードなどが提供されている。ダイジェスト版の視聴や短い時間で効率よく楽しめる「ファストコンテンツ」に対する需要も高い。「タイパ」重視は若者だけでなく，エンターテイメントの世界全般に見られる傾向である。その最も象徴的な出来事が，アメリカ大リーグで2023年4月から採用されることになった「ピッチクロック」ルールである。これは野球の試合時間の短縮を目的に，ピッチャーの投球動作およびバッターの打撃態勢の時間を制限するというものである。これにより，それまでより試合時間を短縮できる。

　さらに，若者消費の特徴として，ブランドより共感できるかどうかが重視されるという面がある。商品やサービスを購入する場合，コンセプトが大切であり，開発されたストーリーへの関心やインスタグラムでの共感，信頼するインフルエンサーの勧める商品であることなどが購入の指針となる。低成長経済の中で確固とした先の見通しが持ちずらい時代を生きている若者は，経済的には堅実であり，コスパ，タイパの悪いお金の使い方はしない。ただし，自分自身で価値を感じるものにはお金を惜しまない傾向もある。「イミ消費」といわれるものがそれであり，その具体的な例が「推し活」である。

　SNSを通じて，好きなタレントやキャラクターを応援するのが推し活と呼ばれるものである。推し活はSNS上でのエンターテイメントを消費することで満足を得たいというものである。とくに，コロナ禍で外出がままならない中

で，自宅でアイドルやアーティスト，場合によっては無名の素人であっても，そうした人たちを応援することで自分の満足を満たすということである。そこには，演じる者との間で双方向の交流があり，自己承認の欲求を満たしてくれるという副産物もある。推し活により自分にとってのアイドルに「投げ銭」を行い，これを他の応援者と競うという形で金額がエスカレートするケースもあるが，そこにも，自分にとって価値のあるものには金を惜しまないという姿がみられる。ここにはコスパよりも消費行動を通じて自己承認，自己肯定感を求める若者の姿がみられる。

## （4）所有から利用への変化

　一般に，消費は消費財の購入，使用，所有という形で行われる。これをモノ消費と呼ぶことができる。これに対し，所有権の移転をともなわない消費もある。スポーツ観戦やコンサート，旅行などがそれにあたる。さらに，消費財そのものも購入する代わりに借りて使うという場合もある。その代表がレンタカーの利用である。現代はその利用がより幅広く広まっている。コト消費，レンタル，シェア，サブスクリプション，といわれるものがそれである。この所有から利用への変化が現代の若者消費の特徴となっている。

　その一つは，「推し活」にみられるように，「ヒト」自体を一つのエンタメと捉えて消費の対象にするということである。また，サッカー，野球，などのスポーツ観戦やコンサート，旅行，各種の体験教室といったコトに対する体験を消費する「コト消費」もその一つである。そこには，野球の WBC の観戦のように，二度と同じ体験ができない非再現性を持ち，不特定多数の人と体験や感動を共有できることで満足を得ることができるというケースもある。そこでは，同じ時間を仲間と共有することで，同じ感動を分かち合うことができることが時間消費の目的になっている。

　所有するよりも利用することに満足を求める手段として利用されているものに「サブスクリプション」がある。これはモノを所有するのではなく，必要なときに借りて利用する消費スタイルである。レンタカーもその一つであるが，

ネットフリックスを利用して，一定の月額料金を支払うことで，パソコンやスマホで映画，ドラマ，アニメなどを好きなときに見ることができるのもサブスクリプションである。それは，商品を買うのではなく，利用料を支払って好きなときに使うというものである。

　所有にこだわらないという点では，「シェア」も若者消費の大きな特徴であるといえる。現代は，消費社会の成熟により家庭の中に不要となった品物が溢れている。こうした多くの消費財がSNSの利用を通じて容易に売り買いされるようになっている。典型的には，メルカリを利用した中古品の売買がある。その特徴は，消費者と消費者がSNSを通じて各種の消費財を売り買いしているということである。不要になったモノを売り，必要なモノを買う点で，消費者が買手になる一方で売手にもなることができる。消費者間でモノとカネが循環しているのであり，そこでは低賃金の下でSNSを利用しながら自分たちの満足をうまく満たしていく行動がみられる。また，洋服やバッグの貸し借りに特化したアプリもある。シェアの中には，使っていない自動車の貸し借りや空いている部屋の貸し借りもある。シェア活動を活発化させているのもSNSの利便性によるものであるが，そうしたことを可能にする最大の要因は，若者の中古品の使用に対する抵抗感の低下である。

　若者が中古品を買うのは一種のトレンドと見ることもできるが，そこには経済的な合理性も見て取れる。第一に価格が安いということであり，第二に欲しいものが手に入るということである。また，第三には他人と違ったものを買うことができるということもある。人の使ったものでも気にならないなら，自分の好きなものが格安の値段で手に入るという意味で合理的かつ現実的な消費行為であるといえる。

　イギリスで提唱されたといわれる「リキッド消費」も所有から利用への変化を表している。リキッド消費は，これまで述べたレンタル，シェア，サブスクリプション，コト消費に見られるように，所有権が移転しない取引による消費を指す用語として使われている。若者の特徴として，部屋にモノを持たなくなっている。モノを持つ価値が下がっているのであり，所有より利用が重視さ

れている。その背後には，SNS を利用することで，所有しているのと同じことをすばやく実現でき，その方がコスパがいいということがある。フリマアプリを通じて簡単に借りたり，安く購入できるので，ブランド品を利用している自分をより安いコストで手軽にインスタグラムに発信できる。サイクルが短いファッションでも手間をかけずに，しかも低コストで品物を切り替えることができる。読みたいマンガや聞きたい音楽もすぐにダウンロードできる。欲しいものがすぐに手に入る手軽で速い利便性がリキッド消費を拡大させることになる。

## （5）消費社会の神話

　高度成長の時代には，消費者は消費財を所有することで豊かさを実感できた。それは大量生産・大量消費社会を生み出し，結果として，大量廃棄物による環境汚染の問題を引き起こすことになった。1970 年代以降の安定成長の時代には，消費の質が問われることになる。個性化が重視されるようになる。ただし，質を求めた個性化の時代にも私的な所有が消費の基本であった。

　現代の Z 世代がこれまでの消費行動と大きく異なるのは，所有にこだわらないということである。自分が気に入ったものをその時だけ手にすればよいのであり，無駄なものは持たない。それは低成長時代に合った合理的な行動であるとともに，環境にやさしい消費であり，現代の環境問題にも対応しうるものである。

　その一方で，SNS を使った消費活動の目的が不特定多数の人たちとのコミュニケーションであり，共感と自己承認が重視されるという特徴がある。SNS の利用により自分の好きなものを認めてくれる環境に巡り合えることにより自己肯定感が満たされる。そのために，消費する場合にも SNS での反響が強く意識されることになる。

　かつて，ボードリヤールが『消費社会の神話と構造』において指摘したように，消費が単に個人の必要を満たすためだけでなく，社会的なコミュニケーションの手段となっているとするなら，他の人がどう感じるかが重要となるた

めに，消費者は自分の欲しいものではなく，他の人たちが評価してくれるものを消費しようとすることになる。ボードリヤールは，そこに消費社会の危うさを見い出した。そうしたことが消費に圧力や強制をもたらすことになりかねないということである。

　SNSという新しい時代のツールが新たな消費行動を生み出しているように見えるが，SNSを通じて得られる反響を常に意識している点では，現代の若者もボードリヤールの指摘する「消費社会の神話」から免れているわけではないといえるのでないだろうか。

**参考文献**

Baudrillard, Jean, (1970) *La Societe de Consommation: ses mythes ses structures*, Gallimard. 今村仁司・塚原　史訳 (1979)『消費社会の神話と構造』紀伊国屋書店。

（関谷喜三郎）

━━━━第5章━━━━

# 女性の就労と消費活動

## 1　女性と労働

　経済活動の中で女性の果たす役割は幅広い。家計の管理の多くは女性によって行われている。家計は消費需要を生み出す経済主体であるが，食費や衣料費をはじめとして家計の収入をどのようなことに支出するかを決めるのは，多くの場合女性である。消費支出に果たす女性の役割は大きい。何がどれだけ売れるかは，企業の生産・販売にとって決定的に重要であるが，それを左右するのは女性の消費活動であるといえる。

　家計が経済活動に果たす役割は消費需要だけではない。労働供給も家計によってなされている。家計から企業に提供される生産要素の中で最も重要なものが労働力である。質の良い労働が安定的に供給されることは，企業の生産活動を左右する重要な要因である。労働は家計によって生み出されるが，そのためには，食事を基本とした日常的な家事の管理が不可欠である。その多くが女性によって行われている。

　近年，少子化の進展により，生産年齢人口の減少が顕著になってきており，業種によってはすでに人手不足が深刻化している。当面，人手不足を補う方策として，高齢者雇用の促進，外国人労働者の受け入れ拡大などが検討されているが，女性労働の活用にも注目が集まっている。現在では，すでに多くの女性が結婚後も就業を継続するケースが増えており，女性の社会的な活躍の場は広がっている。企業で働く女性が増えることは，生産活動を支えるという面だけ

でなく，女性の持つ潜在能力を顕在化させることで，経済社会をより豊かにするための推進力として期待できる。その意味でも，女性の活躍が社会の発展にとって重要であるといえる。それゆえ，現代の消費経済を考察する場合，経済における女性の役割にあらためて注目する価値があるといえる。

　しかしながら，結婚，さらには出産後に女性が企業での就業を継続することには依然としてさまざまな制約がある。そこで，本章では，女性の労働に焦点を当てながら，女性が社会で働く場合の課題を考察していく。

# 2　女性労働の現状

## （1）女性の就業率とＭ字カーブ

　女性の就業状況について，高校，大学を卒業し，就職した後の女性の就業率の変化を確認しておく。女性の就業率については，図５－１に示されるように，結婚・出産期に当たる年代に一旦低下し，育児が落ち着いた時期に再び上昇するという，いわゆるＭ字カーブを描くことが知られている。18歳以降，男性と同様に就業率が高まるが，20代半ばから30代にかけて就業率が低下していく。結婚・出産が主な理由と考えられる。その後，30代後半より再び上昇する。その結果として，就業から退職の期間を通じて，就業率がローマ字のＭの形に似た動きを取ることになる。これは，結婚後は家事・育児の負担を妻である女性が担うという日本社会における慣習と深く関係している。女性活躍が叫ばれ，共働きの家計が増える中でも依然としてこうした状況がみられる。

　ただし，図にも見られるように，職場における賃金・待遇に関する男女の機会均等化を背景にして，近年Ｍ字カーブは解消される傾向にある。Ｍ字の谷の部分が浅くなってきているのである。これにより，仕事と結婚・育児の両立が進んでいると見ることもできる。しかしながら，そこには，未婚化の増加，既婚未出産，晩婚化，晩産化といった状況があるということも見逃してはならないであろう。これは，女性の就業率の上昇が女性自身の犠牲の上に成り立っ

図5-1　女性の年齢階級別労働力率の世代による特徴

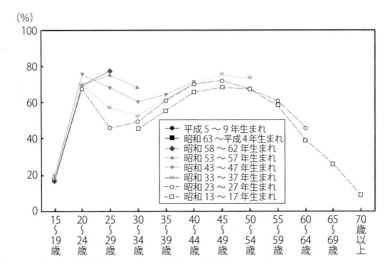

備考：1.　総務省「労働力調査（基本集計）」（年平均）より作成。
　　　2.　グラフが煩雑になるのを避けるため，出生年5年間を1つの世代としてまとめた
　　　　　ものを，昭和53〜57年生まれ以前について，1世代おきに表示している。全て
　　　　　の世代を考慮した場合も，おおむね同様の傾向が見られる。
出所：男女共同参画局「第1－特－10図　女性の年齢階級別労働力率の世代による特
　　　徴」（https://www.gender.go.jp/about_danjo/whitepaper/h25/zentai/html/zuhyo/
　　　zuhyo01-00-10.html）。


ていることを意味するといえる。

## （2）ダグラス・有沢の第2法則の消滅

　次に結婚・出産と仕事の両立の可能性についてみていく。現代では聞かれな
くなった言葉の一つに「寿退社」がある。これは，女性は結婚すると退職して
家庭に入るということである。とくに，昭和の時代には，多くの女性が結婚後
は主婦として家庭を守るという姿がみられた。そこには，「ダグラス・有沢の
第2法則」が当てはまる状況があった。「ダグラス・有沢の第2法則」とは，
夫の収入が高いほど妻の就業率は低くなる，というものである。とくに，高学

歴の女性が高学歴で収入の多い男性と結婚すると，結婚を機に退社し専業主婦になるというパターンが多かったのである。

　現在では，共働き世帯が多くなり，このダグラス・有沢の第2法則は成り立たなくなっている。夫の収入に関わりなく，多くの女性が働き続けている。その背景には，低賃金の下で家計の収入を補う必要があるという面だけでなく，女性自身の労働意欲の高まりがある。社会の中で，仕事を通じて自身の能力を発揮し，社会とつながりを持ちたいと望む女性が増えているのである。ただし，そこには子育てと仕事の両立という難題が存在するのも事実である。

　女性は，結婚して出産すると家事や子育てをしなければならない。近年はイクメンと呼ばれる子育てに協力的な男性も増えてきたが，依然として妻，母としての女性の負担は大きい。その一方で，負担を軽減する余地も増えている。それは「家事の市場化」による家事労働の負担軽減である。外食，弁当，総菜，冷凍食品，出前，宅配デリバリー，電子レンジの普及等によって，食事の支度の負担が少なくなってきている。食洗器の普及によって，後片付けも楽になってきた。クリーニング店やコインランドリーを利用すれば，洗濯して干す負担も軽減される。これまで主に主婦が家庭の中で行ってきた家事労働の多くの部分を市場からサービスを購入することで済ませることが可能になっているのである。これは時間の節約という面で家事の負担を軽減するものである。家事の市場化は，女性が社会進出をするために不可欠である。

　かつての日本においては，主に男性社員を対象として，モーレツ社員，企業戦士，栄養ドリンクのキャッチコピーの「24時間戦えますか」等，家庭を顧みずに仕事をする傾向があったが，働き方改革により，残業が減り有給や振替休日が取得しやすくなっている。その結果として，男性も育児休業の取得が可能になってきており，男性（夫）が育児を行う環境も整備されつつある。

## （3）女性の職業意識の変化

　図5−2における，「女性が職業を持つことに対する意識の変化」を見ると，平成4年には「子供ができても，ずっと職業を続ける方がよい」と答えた女性

図5−2　女性が職業を持つことに対する意識の変化

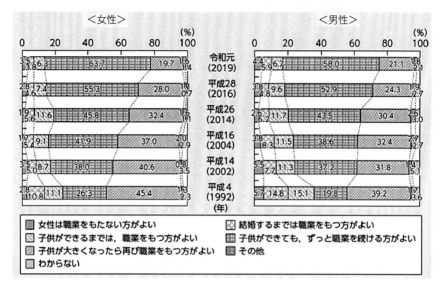

備考：1. 総理府「男女平等に関する世論調査」（平成4年），内閣府「男女共同参画社会に
　　　　関する世論調査」（平成14年，16年，28年，令和元年）及び「女性の活躍推進
　　　　に関する世論調査」（平成26年）より作成。
　　　2. 平成26年以前の調査は20歳以上の者が対象。平成28年及び令和元年の調査は，
　　　　18歳以上の者が対象。
出所：男女共同参画局『男女共同参画白書　令和3年版』勝美印刷，2021年，p.101。
　　　（https://www.gender.go.jp/about_danjo/whitepaper/r03/zentai/pdf/r03_genjo.pdf）。

は26.3％だったが，平成26年には45.8％と4割を超えた。平成28年には
55.3％と5割を超え，令和元年には63.7％となり，ほぼ6割の女性がずっと職
業を持つことを希望している。男性もそれを支持する割合が増えている。

　女性が結婚後も仕事を続けることを希望するようになった理由はさまざまで
あろうが，一番大きな理由は経済的な理由だと思われる。男性の多くが正規の
社員として働き，終身雇用，年功序列賃金により安定的な所得を得ることがで
きた時代には，結婚後，女性が専業主婦として家庭に入ることもできたが，現
在は夫の給料だけでは生活することが難しいため，妻も働いて生活を支えるよ

うになっているのである。

　女性自身の社会参加への意欲も大きい。高校，大学での勉学を基礎として，自分の能力を生かして仕事をしたいという女性は多い。企業での仕事においても，男性の補助ではなく会社の主力となる仕事に取り組む女性も増えている。

# 3　仕事と子育ての両立

## （1）M字カーブの現実

　女性の労働市場に関してはM字カーブのフラット化が進み，継続して就労を続ける女性が増えている。しかし，依然として結婚・出産と仕事の両立には困難がともなっている。それは仕事の継続を困難にするだけでなく，少子化の一因にもなっていると考えられる。

　少子化問題が深刻化する中で，女性が結婚し，出産することを容易にするための環境を整備することは，まさに喫緊の課題であるといえる。とくに，平成以降，合計特殊出生率は低下傾向にある。人口を維持するために必要な人口置換出生率は女性一人当たり2.1といわれるが，15歳から49歳までの未婚，既婚を問わない全女性の年令別出生率を合計した合計特殊出生率は長い間にわたって1.5を下回っており，人口減少が止まらない。それは経済活動にも大きな影響を及ぼす。人口の減少は消費活動を停滞させ，企業の経営を悪化させる。すでに，地方では映画館が減少し，デパートも閉店に追い込まれる事態となっている。山村のみならず都市近郊においても買い物難民が発生し，かつて賑わいを見せた商店街がシャッター街となるところも増えている。企業や商店の減少は人口の流出を生み，地元経済をさらに衰退させるという悪循環を生んでいる。消滅可能性のある自治体も増えている。国民経済の観点からは，生産年齢人口の減少による人手不足が深刻な問題となっている。労働力不足による生産活動の減退は経済成長率をさらに低下させることになる。

　人口減少を防ぐためには，出生率を高める必要がある。そのためには，女性の仕事と子育ての両立を可能にすることが必要である。M字カーブに示される

ように，男性と同様に，多くの女性が高校，大学を卒業すると就職する。しかし，女性の中には20代後半から30代半ばにかけて結婚，出産を機に離職するケースがみられる。近年，このM字型が解消され，仕事を継続する女性が増えている。ただし，女性にとって仕事と子育ての両立は依然として困難である。

## （2）出産・育児の機会費用

　女性の仕事と子育ての両立にはさまざまな困難があるが，その中でも注目すべきは「機会費用」の問題である。機会費用とは，コストを表すときに使われる経済用語である。経済活動には選択肢が複数あるが，一つを選ぶと他のものを選択できない。そのことは，あるものを選択すると，別のものを選択すれば得られたであろう利益を失うことを意味する。これが機会費用である。この機会費用が大きい場合には，選択が制約を受けることになる。たとえば，日曜日に遊園地に遊びに行くと，その時の費用は遊園地の入場料の他に，その日，同じ時間でアルバイトすれば得ることができたであろうアルバイト料も入る。これが機会費用である。これが高ければおそらく遊園地よりもアルバイトが選択されることになる。アルバイト代が1日1万円でなく10万円だとしたら多くの人がアルバイトを選択するであろう。それは遊園地に行くことの機会費用が高すぎるからである。

　経済学の視点から見ると，女性およびその家族が子供を持つのは，子供を持つことのベネフィットとコストを比較して，ベネフィットがコストを上回る場合であると考えることができる。ベネフィットは，子供を持つことによる幸せや喜びであり，コストは子育てにかかる時間やさまざまな費用を含めた負担である。そこに機会費用が入る。子供を持つ場合にも1人なのか，2人なのか，3人なのかでコストは異なる。そこにベネフィットとコストの比較の問題が生じることになる。

　ここで問題になるのが，コストである。コストが大きいと子供を持つことに躊躇する場合が生じると考えられる。コストの一つは出産費用を含めた金銭的な負担である。子育てにも教育費を中心として大きなお金がかかる。もう一つ

の問題は，子育てには時間がかかるために，自分の職場でのキャリアを犠牲に
せざるをえない場合が生じるということである。職場でのキャリアは，昇進，
昇給に関係するために，出産，育児によるキャリアの中断により獲得可能な所
得が大きく減少する可能性がある。就職し仕事をマスターしていく過程で子育
てにより仕事が中断されると昇進だけでなく社内での仕事の継続そのものが困
難になる。これが子育てにともなう機会費用である。そこで，仕事をしながら
子供を持つかどうか，持つとしても1人にするか，2人までなら可能かといっ
た判断を迫られることになる。そこには，子供を持つ機会費用が大きく関係し
てくる。

　コストの中には子育てにともなう育児時間もある。育児は子供を育てる喜び
を感じる時間であるが，それは仕事の制約にもなる。現実には，妻が子育てに
多くの時間を費やしている。その背景には，依然として家事・育児は妻が担当
し，夫は仕事に専念するという暗黙の了解があるからである。これは，実は男
女の賃金格差の裏返しでもあり，機会費用の視点から見た場合には，賃金格差
を前提とした合理的行動であるともいえる。なぜなら，家計の単位で考えた場
合，夫婦のどちらかが子育ての時間を使うといった場合，給料の多い夫は仕事
に専念し，給与の低い妻が子育てに時間を使う方が子育てにともなう機会費用
が少なくて済むということである。

　30代，40代とキャリアが積み上がる中で，男性は昇進し昇給していく。企
業における現行の雇用・賃金のシステムにおいては，子育てによるキャリアの
中断は所得の増加に大きな制約となる。それは，男性が家事・子育てに時間を
使うことによる機会費用が大きいことを意味する。それが結果として，所得の
低い女性に家事・育児の負担を負わせることになる。それは，男女の賃金格差
の矛盾を女性の家事・育児の負担によって解消しているということでもある。

　現在のような妻を中心とする家庭における家事や育児の役割分担を前提にす
ると，男女の賃金格差が解消し，女性の賃金が上昇すると，それによって女性
自身の家事・育児に時間を割く機会費用が上昇するために，メリットとコスト
を比較して子供を持たない，あるいは持っても1人までといった選択を強める

可能性が高いと思われる。

## （3）ワークライフバランス

　ここからわかることは，少子化を是正し，出産を促すためには，女性の出産にともなう機会費用の低下が必要だということである。女性が就業を継続する上で解決すべき課題は多い。とくに重要なのは，仕事と子育ての両立を容易にするための職場環境の改善である。第一に，家事・育児に対する夫の協力を可能にするために，夫の育児休暇の取得とその間の給与の保障を実現することである。これにより，所得の制約に縛られることなく，家族の中で仕事と育児の分担がスムーズになる。第二に，夫も妻も育児のために一定期間職場を離れる場合，復帰したとき仕事上の地位や条件が復帰前と変わらないことが保証される，ということが必要となる。育児によってキャリアが中断され，その後の昇進や地位に不利益が生じることになると，育児休暇の利用は大きく制限されることになる。これには企業側の対応が必要となる。第三に職場における母性としての女性への理解が必要となる。出産・子育てには授乳も含めて母親が必要となる期間がある。こうした子育て期間のためにキャリアが失われることになると，女性にとって出産・子育ての機会費用が大きくなり，それが子供を持てないという選択肢を生むことになる。

　出産や育児をきっかけにフルタイムで働けなくなった女性が，いわゆる出世コースを外れ，キャリアの停滞を招くことを「マミートラック」というが，それは女性活躍を推進する上で大きな障害となるものである。

　なお，就業の継続に関する課題を考える場合，介護にも注目する必要がある。高齢社会にあっては，ライフステージ全体を通じて，育児と介護の両方の必要が生じる可能性がある。子育てが終わる頃に親の介護が必要になる。高齢者の増加に介護施設が追いつかないために，自宅で介護することになる場合も多い。その場合には，「介護離職」という言葉もあるように，介護のために退職したり，パートのような短い時間での仕事を選択せざるを得ない場合も出てくる。また，晩婚化により高齢で出産する場合には，育児の手が離れる前に親

の介護が必要となるケースも生じる。それゆえ，介護と就業の両立も大きな課題であるといえる。これについては，職場の理解が必要であるが，介護施設の充実や介護費用負担の軽減も求められる。

　今日，女性が社会で活躍することは，経済社会の発展にとっても重要である。高学歴を経て知識を身につけた女性が能力を発揮して社会で活躍することは，社会のためだけでなく本人にとっても重要である。今日，仕事を通じて社会に貢献したいと願う女性は多い。そのために，夫を含めたワークライフバランスの実現が重要となる。さらに，女性が仕事と子育ての両立を可能にすることは，少子化対策としても役立つことになるといえる。

## （4）ベビーブームとの比較

　出産・子育てには大きなコストがかかるために，それが大きな制約になるといえるが，それはいつの時代にも当てはまることである。そこで，あらためて戦争直後に起こった出生数が年間 260 万人を超えたベビーブームに焦点を当ててみよう。戦争直後の混乱の中で 3 人 4 人と子供を持つことがなぜ可能だったのであろうか。そこには現在の少子化問題にも関連する要因があるのではないかと考えられる。

　戦争直後に多くの子供を持つことができた理由の一つは，子供を持つ喜びがそのコストを上回っていたということであろう。そこには，戦争で多くの命が失われたために，命を生み出すことの大切さを切実に感じていたという事情があったと推察される。その一方で，子育てに関するコスト面にも注意を払う必要があろう。

　1946 年から 1949 年のベビーブームにおける特徴の一つは，第一次，第二次，第三次の各産業において家族経営の仕事が多かったということである。終戦直後，第一次産業である農業は産業全体の約 21％を占めており，多くの人が家族で農業を営んでいた。そこでは妻も働き手であり，子育て中も含めて毎日農作業に従事していた。第二次産業でも零細の町工場が多く，家族で経営するために女性も日夜働いていた。第三次産業における小売業に目を向けると，

日本中の町や村に家族経営の小さな商店が存在していた。お菓子や食品だけでなく，雑貨，履物，衣料等，多くのモノが個人商店で売られていた。そこでも女性は貴重な働き手であった。いずれの産業においても，女性は妻や母であるとともに働き手として家族を支えていたのである。

　この時代には，ある意味で子育てがしやすい環境があった。その一つは，まさに職住接近であったために自宅で子供をみながら仕事ができたということである。そこでは結婚，出産にともなう離職によって生じる機会費用がなかった。子育てによるキャリアの中断がなかったので，仕事か，子育てか，という選択に迫られることはなかったのである。また，子育てのコストも低かった。祖父・祖母との同居が多かったので，就学までの子供の面倒は家族みんなでみることができた。そこには待機児童の問題や保育園の入園問題はなかった。しかも，子供が3人，4人と増えるにしたがって，上の子が下の子の面倒を見たために，母親はそれだけ子育ての手間を省くこともでき，仕事に時間を使うことができた。しかも，15歳になり中学を卒業すると就職して給与の一部を家に入れることも期待できた。就学時の子供が家事の手伝いにより，働き手として役立つこともあった。ゆえに，子供が多くいることが生活の手助けとなったのである。それだけ子育てのコストが低かったといえる。また，進学率も低く，塾に通うこともなかった。したがって，子供の教育費も少なかったのである。こうしたコストの低さが多くの子供が生まれることを可能にしたといえる。コストよりメリットの方が上回っていたのである。

　また，多くの場合，自宅が職場であり家族で働くことにより，現在の女性が職場で直面するようなトラブルを回避することができた。それは，職場の上司や同僚によるセクハラ，パワハラや職場での人間関係のトラブルである。さらに，非正規労働による雇用不安，低賃金，さらには昇進，昇給がないことによる仕事のモチベーションの低下である。家族経営のもとでは女性も重要な仕事の担い手であり，過酷で過重な労働ではあったが，現代において問題となっている仕事上における女性ゆえの差別といった，いわゆるジェンダーギャップを意識することはなかったといえる。

　さらに，女性だけではなく，男性もそうであったといえるが，仕事と子育て以外にプライベートで遊ぶ余裕と遊ぶ場所，機会がなかったこともベビーブームの発生に影響しているといえよう。当時は，女性が妻，母以外に「私」として自由な時間を楽しむ余裕はなかったし，集落内での季節に応じた慰安以外に，プライベートな仲間で自由な時間を楽しむこともきわめて少なかったと思われる。海外旅行もほぼ皆無であった。それは，子育てによって失う自由時間という機会費用が小さかったことを意味しているといえる。経済成長とともに生活に余裕が生まれ，仕事以外の時間を友人との交流やスポーツ，旅行，コンサート等で過ごす機会が増えていく。それは子育てとの間で時間の選択を迫るケースも生じさせることになる。

　このようにみると，戦争直後のベビーブームに比べて現在の方が子育てに関する機会費用が多方面に及んでいることがわかる。その結果として，子供を持たない，持ったとしても少ない人数に抑えるという選択がなされる可能性がある。現在，少子化が大きな問題となり，その対策が検討されているが，効果的な対策が見いだせない理由の一端がベビーブームとの比較から見えてくるといえよう。

## （5）代替財か？　補完財か？

　子供を持つかどうかは，ベネフィットとコストの比較によって左右される可能性があるが，子育てにはもう一つの視点が求められる。それは，子育てと仕事はベネフィットとコストの関係だけではないということである。

　子供を持つことは女性にとっても，その家族にとっても得難い喜びである。家族が増え，家の中が賑やかになることで家族は活気づく。もちろん，子育てには苦労がつきものだが，それを上回るプラスがある。子育てによって得られる喜びは3歳までの子供の笑顔で十分という見方もあるが，それ以上にいろいろな機会に楽しみがある。日常生活における子供との食事や会話は楽しいものであり，後になって写真を見ながら，楽しかった子供の頃の出来事を思い出すことで過去が現在を豊かにしてくれるという副産物もある。また，子供と遊ぶ

ことで，子供時代に楽しかった遊びを大人になってから再び楽しむことができるというメリットもある。たしかに，子育てには時間がかかり，苦労もある。しかし，子育てと仕事は，こちらを取るか，あちらを取るかといった代替関係にあるのではない。それは，互いに補完し合う関係なのである。

経済学の用語に，「代替財」と「補完財」がある。代替財は，紅茶とコーヒーのように，お互い代替が可能な財であり，しかも同時に一緒に消費するより別々に消費する方が総体として満足が大きくなる財である。一方，補完財は紅茶とレモンのように別々に消費するよりはレモンティーとして一緒に消費することで満足が大きくなる財である。

子育てと仕事の関係を考えると，それは二者択一の代替財ではなく，一緒にすることでより満足が大きくなる補完財の関係にあるといえる。子供がいることで働く意欲が高まるし，子供の笑顔は仕事の疲れを癒してくれる。子育てと仕事が一緒になることで家庭に活気が生まれる。その意味で，子育てと仕事は補完関係にあり，どちらかを選択するという代替関係ではないのである。

この補完関係をより内容のあるものにするためには，子育てに伴うコストを引き下げるための制度面での整備や教育費や医療の補助といった行政からの支援も欠かせないものである。また，職場における女性の働きやすさや待遇の改善は，女性の就業率を上げるためにも不可欠な課題である。

## （6）現代の課題

女性の就労と家事・子育ての両立を考える場合に注意すべきことは，戦後のベビーブームの時代と違い，現在は多くの女性が企業に働きに出ているということである。農業のように，仕事と家事・育児が同一の場所で行われている業種もあるが，一般的には，職場と家庭は別の場所にあり，勤務時間も仕事内容も企業のルールにしたがって行う必要がある。そこには，ジェンダーギャップという問題が生じる可能性も出てくる。

現在，企業で女性が働く場合に，そこにはさまざまな課題があるが，その最も大きい問題は賃金格差である。そこで，次に男女の賃金格差の問題をみていく。

# **4**　男女の賃金格差

## （1）賃金格差の実態

　女性の雇用問題の一つは男性に比べて相対的に賃金が低いということである。表5－1で全年齢平均給与額をみると，18歳の時点で男女の給与差は22,100円である。高校を卒業した時点ですでに給与額に差がある。22歳では，24,200円，28歳になると男女の給与額の差は47,500円に広がっている。30歳で61,600円，35歳で92,500円，52歳で164,700円となる。52歳の男女の給与差は，高卒の初任給（167,400円）とほぼ同じ金額である。男女の給与差は，高卒の社員の1か月分の生活費と同じ金額であると考えると非常に大きな差であることがわかる。52歳をピークにして，男女の給与差は縮まっていくが，60歳で121,500円，65歳で74,000円，70歳で53,000円，73歳以上では45,500円と生涯を通じて女性より男性の給与額が高くなっている。学歴において男女でそこまで大きな違いはないのに，給与差は非常に大きなものになっている。

## （2）賃金格差の要因

　女性の賃金が増えない理由の第一は，女性の場合は正規雇用であっても一般職採用が多いために，総合職で採用される男性との間で格差が生じるということである。これについては，準総合職としてのエリア限定勤務やジョブ型制度の導入による対応が考えられる。限定総合職による制度は働き方改革の一環としてすでに男性社員にも適用する企業が増えている。

　第二に，女性の管理職の数が少ないということである。管理職に就けば管理職手当がつくので給与は多くなる。女性の場合，男性と同じ勤続年数だとしても管理職につける人数が少ないため，管理職手当の受給がないことで給与が増えないのである。

　これは先に述べた総合職と一般職と関係するものである。社内で昇進し，課長，部長という形で管理職に就いて行くためには，総合職でのキャリアの形成

90 |

## 表 5 − 1　年齢別平均給与額（平均月額）

### 全年齢平均給与額（平均月額）

| 男 | 409,100円 | | 女 | 298,400円 |
|---|---|---|---|---|

（注）本表は，平成30年賃金構造基本統計調査第1表産業計（民営＋公営）により求めた企業規模10〜999人・学歴計の男女別の全年齢平均給与額（臨時給与を含む。）をその後の賃金動向を反映するため1.003倍し，その額に100円未満の端数があるときは，これを四捨五入したものである。

### 年齢別平均給与額（平均月額）

| 年齢 | 男 | 女 | 年齢 | 男 | 女 |
|---|---|---|---|---|---|
| 歳 | 円 | 円 | 歳 | 円 | 円 |
| 18 | 193,200 | 171,100 | 46 | 471,700 | 325,300 |
| 19 | 211,400 | 188,800 | 47 | 477,600 | 326,500 |
| 20 | 229,600 | 206,500 | 48 | 480,400 | 326,600 |
| 21 | 247,900 | 224,200 | 49 | 483,300 | 326,800 |
| 22 | 266,100 | 241,900 | 50 | 486,100 | 326,900 |
| 23 | 277,100 | 249,600 | 51 | 489,000 | 327,100 |
| 24 | 288,000 | 257,200 | 52 | 491,900 | 327,200 |
| 25 | 298,900 | 264,900 | 53 | 490,100 | 325,900 |
| 26 | 309,800 | 272,600 | 54 | 488,400 | 324,600 |
| 27 | 320,700 | 280,300 | 55 | 486,600 | 323,300 |
| 28 | 330,500 | 283,000 | 56 | 484,800 | 322,000 |
| 29 | 340,200 | 285,700 | 57 | 483,100 | 320,700 |
| 30 | 350,000 | 288,400 | 58 | 458,000 | 309,200 |
| 31 | 359,700 | 291,200 | 59 | 432,900 | 297,700 |
| 32 | 369,500 | 293,900 | 60 | 407,800 | 286,300 |
| 33 | 377,900 | 296,600 | 61 | 382,700 | 274,800 |
| 34 | 386,300 | 299,300 | 62 | 357,600 | 263,300 |
| 35 | 394,600 | 302,100 | 63 | 345,000 | 257,400 |
| 36 | 403,000 | 304,800 | 64 | 332,300 | 251,600 |
| 37 | 411,400 | 307,500 | 65 | 319,700 | 245,700 |
| 38 | 418,800 | 310,100 | 66 | 307,000 | 239,800 |
| 39 | 426,200 | 312,600 | 67 | 294,300 | 233,900 |
| 40 | 433,500 | 315,100 | 68 | 292,300 | 234,400 |
| 41 | 440,900 | 317,700 | 69 | 290,200 | 234,800 |
| 42 | 448,300 | 320,200 | 70 | 288,200 | 235,200 |
| 43 | 454,100 | 321,500 | 71 | 286,100 | 235,600 |
| 44 | 460,000 | 322,700 | 72 | 284,100 | 236,100 |
| 45 | 465,900 | 324,000 | 73〜 | 282,000 | 236,500 |

（注）本表は，平成30年賃金構造基本統計調査第1表産業計（民営＋公営）により求めた企業規模10〜999人・学歴計の男女別の年齢階層別平均給与額（臨時給与を含む。）をその後の賃金動向を反映するため1.003倍し，その額に100円未満の端数があるときは，これを四捨五入したものである。

出所：国土交通省「年齢別平均給与額（平均月額）」（https://www.mlit.go.jp/jidosha/anzen/04relief/resourse/data/kyuuyo.pdf）。

が必要である。企業側でも女性活躍推進や人的資本経営といった視点から総合
職と一般職の区別をなくす方向に転換している傾向があるが，依然として，賃
金格差は存在している。

　総合職は業務範囲も広く，それだけ教育・研修の必要性も高い。それに比べ
て，一般職では特定業務が多いので，職務上の高度な知識やスキルの習得を必
要としない場合もある。ここには，女性の側で家事・育児を含めたワークライ
フバランスを重視する場合に勤務時間や仕事上の制約の少ない一般職を選択せ
ざるを得ない場合がある。

　第三に，就業の中断によるキャリアの継続性の問題である。年功序列，終身
雇用制度は崩壊しつつあるといわれているが，実際には存続している。依然と
して，企業では長く勤めるほど給与が上がる仕組みになっている。それゆえ，
結婚や出産を機に会社を辞めることが多い女性にとって，賃金が上がりにくい
状況にあるといえる。

## （3）コロナ禍と雇用・収入格差

　男女の賃金格差は，直近の経済状況にも表れている。それは，2020 年 2 月
以降に急速に感染が拡大した新型コロナウイルスのまん延である。高い感染率
と高齢者を中心とした死亡率の高さにより日本社会に大きな影響を与えること
になった。その象徴が 2020 年 7 月に開催予定であった東京オリンピックの開
催延期である。コロナの感染が人と人との接触によって拡大するということか
ら，感染拡大防止のために活動自粛が求められることになる。それにより，経
済活動が止まり，その結果として雇用に大きな影響が出ることになった。

　外出が規制されたことにより，主に飲食，宿泊，生活・娯楽等のサービス業
が壊滅的なダメージを受けることになる。こうした業種では休業，解雇，雇止
め，労働時間のカットといった雇用調整が行われることになった。これらは女
性の就業者が多い業種である。結果として，男性に比べて女性の雇用減少が目
立つことになる。さらに，女性は非正規雇用比率が高いために，緊急時に雇用
調整の対象になりやすい。そのために，コロナ禍では総じて女性の雇用に大き

な影響が出たといえる。雇用調整の内訳は，解雇・雇止め，労働時間の半減，休業，自発的離職等である。しかも労働時間の半減や休業に対して休業手当の支払いがなされないケースも多かった。とくに，非正規雇用者の場合には，「支給対象ではない」という理由で支払われないのである。その結果として，男女の収入格差が拡大することになった。

　男性に比べて女性の労働時間が減少した理由の一つに小中学校や保育園・幼稚園の臨時休校がある。子育ての大半を女性が行っているために，自宅でオンライン授業を受ける子供のために在宅を優先せざるをえなかったということである。また，コロナ禍で仕事も求職もしないという非労働力化も女性に顕著な特徴となっている。外出が抑制され家事の負担が増加したり，学校や保育園・幼稚園の休校・休園で仕事か家庭の二者択一を迫られる女性が多かったためと考えられる。一般に，景気後退期には男性の所得も低迷するために，夫の収入減を補うために妻がパートといった形で就業を増やす傾向がみられるが，コロナ禍ではそうした現象も現れにくくなっているといえる。

　賃金格差の要因分析からわかることは，勤続年数と役職の違いが賃金の格差を生み出すということである。さらに，コロナ禍で生じた経済の危機においても，そのしわ寄せの多くが女性に向けられることになる。依然として，そこには仕事と家事・子育ての両立の問題が関係しているのである。

# 5　女性の長期就業を阻む要因

## （1）産休，育休中の給与

　子育て問題の一つは，産休・育休期間の給与保障の問題である。一般的に，産休・育休中の給与は支払われないケースが多い。こうした期間に所得がなくなることは，家計を維持していく上で大きな負担となる。出産手当金や育児休業給付金は支給されるが，これも受給資格を満たさないと支給されない。基本的には雇用保険に入っていないと支給されない。就業中の女性が出産する場合，どのような雇用形態であっても育児休業給付金は支給される必要がある。

　また，これまで受給資格を満たしても育児休業給付金は満額支給ではなかったので，産休・育休を取得することによって生活が苦しくなる可能性があった。現在は，男性の育休も可能にするために，「産後パパ育休」に対し，その間の給与を「全額」補償するという動きが出ている。機会費用の補償である。岸田内閣は令和 5 年に「異次元の少子化対策」を発表し，手取り賃金の 100%の保障を中心にした子育て世帯への経済支援等を打ち出している。

## （2）保育園の利用問題

　保育園の利用は，仕事と子育ての両立にとってきわめて重要な問題であるが，ここにも制約はある。保育園の保育時間は，保育標準時間と保育短時間があり，保育標準時間は 1 日最大 11 時間（午前 8 時 30 分からおおむね 8 時間が基本）で，保育短時間は 1 日最大 8 時間（原則午前 8 時 30 分から午後 4 時半までの間で）である。それらの時間を超えた場合は，延長保育（有料）となる。したがって，延長保育料がかからない 5 時もしくは 6 時までに子供を迎えに行くとなると，残業することが難しくなる。

## （3）待機児童問題

　保育園の待機児童の解消も仕事と子育ての両立に不可欠な条件である。待機児童とは，保育園の利用申し込みをしているのに保育園に入園できないことである。保育園に入園できなければ子供を預けることができず，女性（母親）は仕事をすることができない。また，保育園に入園することができても，子供の具合が悪くなった場合は迎えに行かなければならないので，仕事を中断して迎えに行く必要があるという問題もある。

　保育園を卒園して小学校に入学すると，学童保育の待機児童がでてくる。小学校低学年は授業が午前中で終わることが多いので，母親が働くためには午後から学童保育所で預かってもらう必要がある。その学童保育も応募人数が多いため順番を待たなければならない。また，子どもが保育園を卒園して小学校に入学することによって母親の仕事と子育ての両立が困難になるという問題もあ

る。これは「小1の壁」と呼ばれている。

### （4）年収の壁

　女性の長期就労については，税制上の問題もある。それは，パート等の非正規で働く場合，妻の年収が一定金額を超えると子育て支援の対象外となったり扶養控除から外れたりすることになるために，扶養控除内で働こうとすることで労働時間が制約されるということである。具体的には103万円の壁，130万円の壁という年収の壁が存在する。

　「103万円の壁」は所得税の壁である。年収が103万円を超えると所得税がかかり始める。「130万円の壁」は社会保険の扶養の壁である。年収が130万円（月額10万8,000円）を超えると，会社員や公務員等として働く配偶者の社会保険の扶養からはずれる。2022年10月以降は，従業員101人以上の会社で働いている場合，年収が106万円以上あれば社会保険に加入するようになる。さらに2024年にはその対象が，従業員数51人以上の会社に広がる予定である。配偶者の扶養の範囲内で働きたい人は，103万円の壁に続いて，106万円の壁を意識する必要性が高まってきている。扶養控除内で働くことを望む人は，103万円の壁，130万円の壁，だけでなく106万円の壁を意識して働く必要がある。

　103万円の壁，106万円の壁，130万円の壁が存在することで，本来は働けるのに収入を扶養控除内にするために働くことを控えてしまうという現象が生じることになる。女性の雇用を促進するためには，こうした年収の壁を取り払う必要がある。

## 6　女性と消費

　マーケティングの分野に，F1層，F2層，F3層という用語がある。F1層は20〜34歳の女性，F2層は35〜49歳の女性，F3層は50歳以上の女性である。F1層は，企業が最も注目を置く層である。とくに，独身・実家住まいで企業

に勤めている場合，可処分所得が多くなり，それだけ多くのお金を消費に回すことができるのである。F1層をターゲットにしているTV番組（コマーシャル）は非常に多い。

　F2層は，子育てと仕事を両立している場合が多い。この期間には，子育てと教育費の負担が重くのしかかっているため，教育費以外にはあまり活発な消費は行われないと考えられる。ただし，就業を継続している場合には，通勤にともなう身だしなみや会社内での消費についての情報の入手により，消費に対する積極的な行動も期待できる。

　F3層は，子育てが一段落して自由な時間も手に入れることができるようになる世代である。学生時代の友人も同じく自由な時間を手に入れるようになるため，会って食事をしたり買い物をしたりするようになる。友人と会うために，洋服やバッグを購入したり美容に力を入れたりするとみられる。自由になった時間で仕事をすることも可能になるため，ある程度の購買力も手に入れることで，さらに消費の活発化が期待できる。

　女性の消費を見ると，「妻」，「母」，「職業人」としてそれぞれの場面で消費を行うが，「私」としての側面も失うことなく，個人としての消費を楽しむ積極性がある。「私」としての消費を楽しむためには，就労により女性が自ら経済力を得ることも必要である。女性が積極的に消費を行えば，企業の投資も増え，それが女性の雇用にもつながり，経済活動がさらに活性化するという好循環が期待できる。

（髙木　聖）

─第6章─

# 高齢社会と消費

## **1** 高齢者とマクロ経済

### （1）高齢者の人口動態

　少子高齢化が進展する中で，65歳以上の高齢者人口の全人口に占める割合の上昇が続いている。高齢者の人口が全人口に対して7％を超えると「高齢化社会」，14％を超えると「高齢社会」，21％を超えると「超高齢社会」と呼ばれる。日本は，1970年に高齢化率が7.07％になり高齢化社会となり，1994年に14.06％となり高齢社会になった。2007年には21.49％と21％を超えて超高齢社会に突入している。今後も高齢者の割合は増加すると予測されている。

　1946年から1949年に生まれた団塊の世代が2025年にすべて後期高齢者の75歳以上になると，高齢者の割合が30％を超えることになる。一方で，全体として日本の人口は減少している。日本の総人口は，2008年の1億2,808万人をピークに減り続け，2020年には1億2,614万6千人になっている。全人口のうち，0～14歳の年少人口をみると，1978年の2,770万8千人をピークに減り続けている。2020年の年少人口は1,503万2千人であり，1978年の年少人口の半分近くになろうとしている。15歳～64歳までの生産年齢人口は，1995年の8,726万人がピークであり，その後減り続けている。2020年には7,292万3千人となっている。

## （2）高齢者人口の変化と経済

　人口全体が減少する一方で，高齢者の人口が増加し，全人口の30％近くを占める時代になると，高齢者の行動が経済に与える影響がより大きなものになる。その一つは，消費動向である。

　第1章でみたように，国民経済の大きさを表すGDPの水準を左右するのはその経済における総需要の大きさである。その中でも，総需要の約60％を占める消費需要の動向は重要である。消費需要は人々の消費生活から生み出されるものである。それは，所得の大きさと消費に対する意欲に大きく影響されるが，消費を決めるもう一つの要因は人口の大きさである。消費は生活の中から生み出されるものであるために，人口が増えれば消費も増加すると考えることができる。すでにみたように，日本は人口減少社会に突入している。いったん減り始めた人口減少を止めることは難しい。そう遠くない将来に1億人を下回る可能性があるといわれている。それは消費減退を通じて経済活動を停滞させる可能性を示唆している。

　ただし，人口が増加している領域もある。それが先に見た老年人口の増加である。これを経済の視点から見るとき，2つの点で経済活動を活性化させる要因となることを意味している。その一つは，高齢者消費の増加である。年々人口が増加していくことにより，そこには大きな消費フロンティアが形成されつつあるといえる。消費の増加は有効需要の増加であり，それは生産活動を活発化させ，雇用を増やし，所得を増大させることになる。ここに高齢者の消費市場に注目する理由があるといえる。

　さらに，高齢者とマクロ経済の関係を見る場合に重要なことは，労働力として生産活動を支える役割を果たすことが期待できるということである。すでにのべたように，少子高齢化の進展は，生産年齢人口を縮小させつつある。それは産業界における人手不足を意味する。すでに深刻化しつつある人手不足は生産活動を制約する要因となり，経済活動を抑制することになりかねない。この人手不足を補うことを期待されているのが高齢者雇用の活用である。定年後，高齢者が継続して仕事に従事することで，経済停滞の緩和に役立つと期待できる。このように

見てくると，高齢者は消費活動と生産活動の両面でマクロ経済の活性化に寄与すると期待できる。以下では，消費と就労の２つの側面についてみていく。

# 2 高齢者の消費と就労

## （1）消費需要とマクロ経済

　高齢者の消費を把握するために，まず，高齢者世帯の消費支出の動向をみていく。図６−１には，総務省の「家計調査（家計収支編）」による1993年（平成5年）〜2012年（平成24年）にわたる１世帯当たりの１ヶ月平均消費支出額の推移が示されている。図において，上の線は総世帯額（高齢世帯も含む）の支出額を表しており，下の線は年齢が65歳以上の高齢世帯の支出額である。平成5年でみると，総世帯の１ヶ月当たりの平均消費支出額は33万5千円であり，高齢世帯の消費支出額は25万5千円である。

　この図をみると，1993年（平成5年）以降，総世帯の消費支出額はほぼ一貫して低下傾向にある。これは，1990年（平成2年）にバブルが崩壊し，その後，経済成長率が平均1％という超低成長経済にあって，失業率が上昇し，賃金が低迷した結果である。1990年代後半からはデフレ状態にもなっている。1993年〜2012年にかけて総世帯の消費支出額は33万5千円から28万6千円へと5万円近く減少しているのである。

　これに対して，この間の高齢者世帯の消費支出はほぼ安定している。1993年（平成5年）の25万5千円に対し，2012年（平成24年）は25万円であり，大きな変化はみられない。その理由としては，すでに退職しているために，この間の賃金低下の影響を受けなかったということである。しかも，デフレ状態が継続し，物価が低下したために貨幣の実質価値が高まったことも消費維持に寄与したと考えられる。物価の下落は高齢者の預金残高の実質価値を上昇させ，購買力を高めた。マクロ経済の視点から見ると，低成長経済の中で高齢者消費が安定化することで，それが消費需要を下支えする役割を果たしているということができる。

図6－1 消費支出額（1世帯当たり1ヶ月平均）の推移

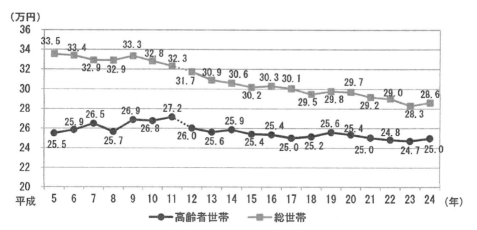

注：平成11年までは農林漁家世帯を除く結果，平成12年以降は農林漁家世帯を含む結果
　　である。
出所：総務省「家計調査（家計収支編）」。

## （2）就労の現状

　定年後の就業状況について，図6－2を見ると，男女ともに就業者数は増加
している。2010年において，高齢男性の就業者数は350万人，高齢女性の就
業者数は221万人だったが，2020年は，男性の就業者数は538万人，女性の
就業者数は367万人となっている。10年の間で，高齢男性の就業者数は1.5倍
に，高齢女性の就業者数は1.7倍になっている。

　すでに述べたように，少子化により生産年齢人口は減少傾向が止まらず，結
果として労働力不足が深刻な状態にある。こうした状況の下で高齢者雇用の拡
大が期待されていることも高齢者の就業を促進させる要因になっている。マク
ロ経済の観点からも，経済成長を支えるうえで高齢就業者の増加は必要である
といえる。

　高齢者の就労が経済に与える影響は労働力の増加だけではない。それは高齢
者の消費にもプラスの効果をもたらすといえる。高齢者の消費は原則として年

図 6 - 2　高齢就業者数の推移（2010 年～ 2020 年）

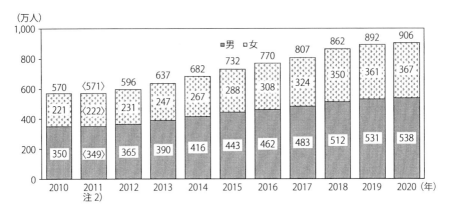

資料：「労働力調査」（基本集計）。

注 1：数値は，単位未満を四捨五入しているため，合計の数値と内訳の計が一致しない場合がある。

注 2：2011 年は，東日本大震災に伴う補完推計値。

出所：総務省統計局「統計からみた我が国の高齢者－「敬老の日」にちなんで－」2021 年 9 月 19 日。（https://www.stat.go.jp/data/topics/topi1290.html）。

金と貯蓄によって賄われるが，就労による収入の増加も消費を支える重要な要素である。就労している高齢者と就労していない人の消費を比べると，就労している人の消費の方が多い。その理由の一つは，新たな収入の増加が経済的な余裕を生み出すだけでなく，気分的にも消費しやすい状況を生み出すと考えられる。就労せずに貯蓄を取り崩して支出する場合には，そこには将来不安を含めた抑制が働くと思われる。また，就労する人は健康であるために，消費に対しても積極的である可能性が高い。

　高齢者自身の労働意欲も高い。その理由としては，定年後の生活維持が最も大きなものであるが，仕事に生きがいを感じることや，仕事をすることで規則的な生活が健康の維持に役立つといったこともある。ただし，就労形態としては正社員よりも非正規雇用の形を取ることの方が多い。その理由としては，「自分の都合のよい時間に働きたい」，「専門的な技能を生かせるところで働き

たい」というものが多い。定年後の自由な時間を大切にしながら就労を通じて社会とつながっていたいという期待があるといえる。そこには，就労 → 所得 → 消費という循環的活動がみてとれる。こうしたいわゆる「アクティブシニア」が高齢者の消費をリードする役割を果たしているといえる。

　ただし，バブルの崩壊の頃に50代だった団塊の世代はリストラの対象となることが多く再就職もできず，新卒から定年まで同じ会社に勤めた人と比べると大幅に少ない年金による生活を強いられている人が多い。ゆえに，高齢者といっても年代によっても経済状態は一様ではない。したがって，購入するものについても経済力，生活状態の違いで異なることに注意する必要がある。

# 3　高齢者消費の特徴

　図6-1でみたように，高齢者の消費は増加している。人口全体に占める高齢者人口の増加に応じて，高齢者消費が経済全体の消費に占める割合も大きくなっている。ただし，高齢者の消費を見る場合には単に支出額の増加だけでなく，そこには高齢者特有の特徴があることに注意することが重要である。

## （1）消費を支える資産の保有

　消費動向を見る場合には，まず消費を左右する最も大きな要因である所得に目を向ける必要がある。ただし，高齢者の場合には，賃金という形でのフローの所得だけでなく，これまでの経済活動によって蓄えることのできたストックとしての資産も含む，幅広い範囲で捉える必要がある。

　1990年のバブル崩壊後，低成長経済の中で人件費の削減がなされ，その結果として終身雇用，年功序列賃金といった長期雇用慣行が変化している。それにともない，中高年の賃金は低下傾向にあるが，すでに定年を迎え，高齢者となっている人たちは，これまでの日本型雇用システムである終身雇用制度，年功序列制度の恩恵を受け，安定的な賃金と退職金を受け取ることのできた世代であるといえる。

　一般に，高齢者は現役世代に比べて多額の資産を有しているといわれている。具体的には，現役時代に蓄えた貯蓄，退職金，年金，親からの遺産相続等によるものである。これらを合わせると，かなりの額の生活資金を有しているといえる。しかも，定年以降も多くの高齢者が仕事をしており，そこからも収入を得ている。それらが消費の原資となっている。高齢者が消費の一大フロンティアを形成しているといわれるのは，高齢人口が多いというだけでなく，多くの消費資金を有しているからである。

## （2）健康状態と消費

　経済状態だけでなく，健康状態も購買に大きく関係している。高齢者といっても多くの人は健康であり，購買意欲は高い。一方で，介護を必要とする高齢者も増加している。また，60代，70代，80代，90代と年齢によっても購入対象となる品物は異なる。

　そこで，高齢者の消費動向を見る場合には，高齢者を大きく3つに分けることが必要である。すなわち，元気で働くことができるとともに，積極的に消費活動を行うことができる「アクティブシニア」と深刻な疾病がなく，生活も自由にできるが，自宅での生活時間が長くなっている「ノンアクティブシニア」，さらには，介護を必要とする「パッシブシニア」である。

　高齢者が必要とするものも健康状態によって大きく異なるので，高齢者消費の分析には健康状態に応じた分類が重要であるといえる。

## （3）高齢者のニーズを知る

　高齢者の増加により消費の増加が期待できる。すでに述べたように，高齢者は人口が多いだけでなく，購買資金を有している。消費に関するライフサイクル仮説が示唆するように，家計はライフサイクルの各段階において消費に対して制約を受けることになる。代表的なものは，結婚資金の準備，子供の育児・教育の費用，住宅の購入，老後の資金準備などである。消費はそれらを考慮しながら行われることになる。

　それに対し，高齢者になると，退職後は子供が独立し，住宅ローンも完済することになり，時間的にも経済的にも余裕が生まれるために，消費に使うことのできる金額が現役世代に比べて相対的に大きなものになると考えられる。それが高齢者の消費に期待する理由である。

　しかしながら，金銭的に余裕があるからといって高齢者の消費が増加するとはかぎらない。多くの高齢者が銀行預金の形で資産を保有しているが，それを容易に使おうとはしない。なぜなら，病気や介護が必要になったときに備えて蓄えを維持しておく必要があるからである。平均寿命が延びていくと，生活費もより多く必要となる。そこには，長生きに関するリスクが存在する。その結果として，手元に使うお金があるとしても使わないということになる。

　確かに，長生きに関する将来の不確実性は高齢者の消費を制約する基本的な要因と考えることができるが，そこにもう一つの理由があることにも注意する必要がある。それは，高齢者が積極的に消費したいと思えるような商品やサービスが十分に供給されていないということである。高齢者の消費市場を活性化させるためには，高齢者のニーズを的確に把握し，買いたいと思わせるような商品を提供する必要がある。

　たとえば，家電製品であれば，軽い，操作が簡単といったことが求められるであろう。また，自動車は高齢者にとっても重要な移動手段であるが，昨今の高齢者によるブレーキとアクセルの踏み間違いによる事故は自動車をますます危険なものにしている。これに対して，高齢者の運動能力の低下に応じた安全装置の開発やスピードの制限などがなされることにより，高齢者にとって今より操作しやすい，安全な乗り物となれば，生活の足としての自動車の需要は多いと思われる。現代の AI 技術によりニーズに対応した改良は可能であるといえよう。

　高齢者のニーズを知るためには，高齢者を一つの集団と見るのではなく，高齢者の求めているものをさまざまな側面からきめ細かく把握することが必要であるといえる。次に，高齢者の消費生活の中で「食」に焦点を当て，現状と課題をみていく。健康で長生きのために最も重要なのが毎日の食事である。

# 4 高齢者と食生活

　現代における高齢者の食生活を見る場合，一つの特徴は調理済み食品の消費が増加しているということである。それは，スーパーやコンビニにおける食品の陳列にも見られる。1人用，あるいは2人用の小さなパックに小分けされた調理済み食品の販売が目立つ。

　調理済み食品の増加は，共働きの増加にともない食事の準備の時間を節約する必要から生じている面があるが，そこには，高齢者の増加とそれにともなう高齢者自身の食生活の変化もある。ここでは，高齢者の食生活に焦点を当て，高齢者が食事をどのように準備し，どのようなものを食べているのかを考察する。

## （1）食の外部化

　食事の取り方は，「内食」，「中食」，「外食」の3つに分けることができる。内食は自宅で自分で調理して食べることであり，中食は総菜や弁当のような調理済み食品を購入して自宅で食べることである。外食は自宅以外で食べることであり，通常はレストランや食堂での食事を指すが，キャンプ場での調理による食事も外食になる。さらに，この3つを「内食」と「中食・外食」に分けることができる。これは，調理も食事も自宅で行う家庭内での食事を指す内食に対して，外で食べるか自宅で食べるかは別にしても，いずれも自宅では調理しないで調理済みの食品を購入する食事形式との区別である。この中食・外食を食の外部化と呼ぶことができる。

　現代の食生活の特徴は，この食の外部化の拡大である。これは女性の就労が拡大し，共働きが増えたことと相関関係にあるといえるが，高齢者の食生活の変化とも密接な関係がある。高齢者になると，自分で調理することが難しくなるために調理済み食品に頼る割合が多くなる。とくに，独居高齢者の場合には調理するより手早く便利であるといえる。高齢者も短い時間で簡単に準備でき

るものを求めている。電子レンジ対応の商品や袋状になった缶詰ともいえるレトルトパウチ型の商品に人気があるのもそれを象徴している。これらは長期保存が利く上に調理も簡単である。外食に関してはぜいたくな支出という面もあるために，若者や現役世代よりも高齢者の支出は少ないが，食料支出に占める調理済み食品と外食の支出の合計の割合は増加しているとみられる。その中でもインフレにより実質所得が目減りする状況が生じる場合には，外食よりも低い予算で購入できる調理食品志向が強まるとみられる。外食に関しては，高齢者の中でも就業しているかいないかで大きく異なる。それは外出の機会の増加以上に収入の増加が影響していると考えられる。また，年齢が上がるほど外食の機会は減少する傾向があるといえる。

　調理済み食品の中には，お弁当の宅配もある。出かけることなく自宅で食事ができるために，宅配のお弁当を利用する高齢者が増えている。なお，現在では在宅高齢者だけでなく，介護施設に入所している高齢者も多い。そのために，高齢者施設向けの完成食の宅配も増加している。これには施設における人手不足を補うという面もある。

　食の外部化について見ておくべきもう一つの点は，食品の購入可能性である。宅配は別にしても，日常生活において食料品の購入や外食をする場合，スーパーやレストランが近くにあるかどうかということも重要である。近年，買い物弱者という言葉に象徴されるように，買いたくてもお店がない場合がある。これは高齢者の食生活の質を左右する問題である。とくに人口の減少が激しい地域では，かなり遠くまで行かないとお店がないというところもある。売手の側もある一定以上の売り上げがないと経営ができないために，撤退せざるを得ない場合が生じる。これについては，コンパクトシティといったような，まちづくりの再設計といった形での対処が求められることになる。

## （2）食と健康

　高齢者の「食」を考える場合に重要なことは，食事の質と量の確保である。食事は高齢者に限らず生活の中でもっとも楽しい時間であり，美味しいものを

　食べることでより大きな満足を生み出すことができる。同時に，食事は健康維持の源である。それゆえ，栄養のバランスと適切な量の摂取が必要となる。

　とくに，高齢者においては，栄養の偏りや不十分な食事により低栄養状態に陥る可能性がある。そのために体調を崩すことになると，それが介護を必要とするほどのダメージを受けることになりかねない。そうした意味で，十分な食事を取り，健康を維持することが介護の予防や介護度の重度化を防ぐ上でも必要となる。これについては，食の外部化と関係していることに注意する必要がある。とくに，高齢単身男性世帯において食料支出に占める調理食品や酒類の購入割合が高い。それに比して野菜，果物の購入率は低くなっている。一方，高齢単身女性世帯では高齢男性に比べて食の外部依存度が低く，野菜，果物への支出比率も高くなっている。ここにも男性に比べて女性の平均寿命が長い理由がみられるといえる。高齢になっても，女性の方が近所や友達との交流に積極的であり，健康に関する情報も得やすい。それに対して，高齢男性の方が家事を簡略化している割に人との接触が少なく，家でテレビを見たり，本を読んで過ごす生活パターンが多く見られる。そのために，食事の偏りが生じる可能性が大きいといえる。

　同居する家族がいる場合には，家族によるケアが期待できるが，高齢者が単独で生活するケースが増加する現代では，行政上の制度の充実も必要となる。具体的には定期的な健康診断や栄養管理である。とくに高齢者の自立支援のためにも管理栄養士による指導といった在宅での栄養管理指導が重要となる。また，拡大するお弁当の宅配サービスについても，そこに味や食材だけでなく，栄養のバランスに対する企業側の配慮が求められる。それは高齢者の食に対する潜在的なニーズに応えるものでもある。

　さらに，高齢者は歯が弱くなる人が多い。そこで，食べやすい食材や加工・調理の工夫が必要である。食に対するニーズは大きいので，高齢者の市場を開拓するという意味でも食と健康に配慮したマーケティングは大きな成果を生むといえる。

## （3）健康食品市場の拡大

　高齢になると，体が弱り，足腰の衰えをはじめとしてさまざまなところに機能障害が生じる。そのために，健康の保持・増進に対するニーズが高まることになる。そこで，栄養バランス，健康増進，疲労回復，老化予防などを目指して健康食品の需要が増加することになる。これは健康食品市場を拡大させることになる。

　健康食品とは，健康の維持・増進を目的とした食品類であるが，医薬品や医薬部外品とは異なり，そこに明確な定義はない。基本的には，食品の分野において個々の法令に基づいて規制されている「特定保健用品」（健康増進法・食品衛生法），「栄養機能食品」（健康増進法・食品衛生法）および「機能性表示食品」（食品表示法）を中心にして，健康の保持や増進に役立つとされるもの全般を指すものである。これらは，医薬品とは異なり一般小売店で購入が可能である。

　健康食品市場は，1990年代以前は中小事業者により製造販売がなされていたが，1991年に国により「特定保健用食品制度」が導入されて以来，大手食品メーカーや飲料メーカーが参入することになり，市場が拡大していくことになった。さらに，2015年に「機能性表示食品制度」が導入され，多様な食品に機能性の表示が可能になり，一層市場が拡大することになった。なお，現在，市場には健康食品としてさまざまな食品が流通しており，「サプリメント」，「栄養補助食品」，「健康飲料」などの名称で呼ばれているが，どれも法令上の定義はない。これらの食品を含む通常の食品には「機能」を表示することはできない。「機能」の表示ができるのは，国によって制度化されている「特定保健用品」，「栄養機能食品」，「機能性表示食品」の3つだけである。

　健康食品の多くは，錠剤，カプセル，粉末，ドリンク等の形で摂取が可能であり，また，購入もドラッグストア，スーパー，通信販売，インターネットショッピングと多様なルートを持っているので，健康に対する意識の高まりとともに高齢者への販売を拡大している。とくに，新型コロナウイルスの感染拡大により健康や免疫への関心が高まったこともこうした市場の拡大を促しているといえる。

# 5 高齢者市場の可能性

　世界でも高齢化が最も進んでいる日本は，3人に1人が65歳以上の高齢者となるまさに超高齢社会を迎えようとしている。これまで述べたように，これは大きな市場の形成でもある。この高齢者市場の活性化は，高齢者自身の生活の向上だけでなく日本経済の活性化にも寄与するものである。

　高齢者の多くは年金を中心とした生活であり，決して余裕のある暮らしをしているわけではないが，生活の利便性や健康増進のために必要とするものは多い。また，資金的に余裕のある高齢者も多くいる。こうした人たちに対するマーケティングの余地も十分にある。高齢者市場といっても，年齢，健康，経済状態，価値観等によって求めるモノは多様である。高齢市場を活性化させていくためには，高齢者のニーズに対応した商品・サービスの提供が求められる。消費に焦点をあててみた場合には，市場を大きく3つに分けて考えることができる。第3節（2）の3区分に基づいて，それぞれの市場の可能性についてみておく。

## （1）アクティブシニア市場

　高齢者といっても60代，70代ではかなりの人が元気であり，就労している高齢者も多い。そうした人は健康でいたいと思う以上に，余裕のできた時間を使って人生を楽しみたいと思う人が多い。金銭的に余裕のある高齢者に対しては海外旅行やクルーズ船による長期の旅行も提供する価値がある。旅行を楽しむ高齢者は多い。ただし，若者や現役の人たちと違い短時間で多くの場所を見るというより，時間に余裕を持たせ，ゆっくり観光し，食事にも時間をかける配慮が必要である。

　セカンドライフとしての新たなライフスタイルを楽しみたいというニーズは旅行だけではない。観劇，ダンス，楽器演奏，さらには生涯学習，家庭菜園，陶芸教室や絵画教室などさまざまな範囲で考えることができる。若い時にでき

なかったが，退職して時間に余裕ができたらやってみたいと思っていることは多いはずである。そうした潜在的なニーズを掘り起こしていくことで，高齢市場の拡大が可能になるといえる。ファッションや化粧品に対するニーズも大きい。

## （2）ノンアクティブシニア市場

　多くの高齢者が健康に不安を抱えている。とくに，70歳以降になると目や耳の衰えや歯が悪くなる場合が多い。また，足腰が衰えていく。そうしたことを補うためのニーズは大きい。具体的には，健康食品以外に肉体的な衰えをカバーするための補聴器，杖，入れ歯安定剤，入れ歯洗浄剤，さらには文字が大きく操作が簡単ならくらくホンといった機器が求められる。食事の宅配も重要な生活支援の一つである。

　また，体の機能が衰えても，生活を楽しみたいという意欲は小さくない。そこで，長時間の外出でも可能な紙パンツのニーズは大きいと思われる。女性の場合は，外出するときにウイッグの着用で若さを演出することも重要であろう。旅行に行きたい人も多いと思われる。そこでは高齢者に応じたゆとりある観光案内や歯を気にせずに食事ができるといったことにより，市場の拡大を図ることができよう。

## （3）パッシブシニア市場

　介護を必要とする場合は，自宅での介護と介護施設への入所の2つに分けられる。また，介護の度合いによっても大きく異なる。介護を必要とする場合，食事のケアが大きな問題となる。介護施設の場合は，管理栄養士によって食事の管理がなされているが，自宅で介護者のもと介護されている場合は，介護者の負担が重くなる。三度の食事を用意するだけでもたいへんだが，食事制限を守ったメニューにしなければならない場合もある。老々介護のように介護者も高齢の場合が多いので，自治体や民間の介護サービスや配食サービスを利用しながら介護する必要がある。

　農林水産省は新しい介護食品としてスマイルケア食を提案している。農林水産省では，介護食品市場の拡大を通じて，在宅高齢者や障がい者の生活の質の向上を目指している。そのために，これまで介護食品と呼ばれてきた食品の範囲を整理し，「スマイルケア食」として新しい枠組みを整備している。「スマイルケア食」は，健康維持上栄養補給が必要な人向けの食品に「青」マーク，噛むことが難しい人向けの食品に「黄」マーク，飲み込むことが難しい人向けの食品に「赤」マークを表示し，それぞれの状態に応じて選択できるようにしている。こうした介護食品の充実は，国民の健康寿命の延伸に寄与するといえる。

（髙木　聖）

# 第7章

# 文化資本と消費の創造

## 1    文化資本の蓄積と文化の創造

### (1) 文化資本の形態と文化資本の蓄積

　文化産業におけるクラスターに関しては，1997年のイギリスのブレア政権によるクリエイティブ・クラスター戦略がとられてからは，文化産業が持つ経済連関および経済波及効果の広さから，クリエイティブ・クラスター（創造的産業群）として捉える見方がなされるようになってきた。クリエイティブ・クラスターを形成し，地域を創造的にするためには，どのような政策を行わねばならないのか。それにはクラスター産業政策だけでなく，文化的な諸制度の厚みを増していき地域に創造的な場を形成するためには，文化資本を蓄積していかねばならない。文化資本が厚く蓄積されることで，文化消費も厚みを増す。

　文化経済学で文化資本概念を提示しているスロスビーは，経済資本と文化資本を区別する。経済資本は経済的価値しかもたらさないが，文化資本は文化的価値と経済的価値の双方を生み出す。スロスビーは，芸術作品を例に文化的価値にはどのようなものが含まれるのかを次のように明らかにしている。①美術的価値，②精神的価値：精神的価値によってもたらされる有益な効果には，理解，啓蒙，洞察が含まれる，③社会的価値：他者との連帯感やアイデンティティなどをもたらす，④歴史的価値：過去との連帯感をもたらす，⑤象徴的価値：作品により運ばれる意味の本質，及びその消費者にとっての価値を含む，⑥本物の価値：オリジナルとして唯一の芸術作品という事実に由来する。これ

らの文化的価値から文化消費が生み出される。

　文化資本には2つの形態が存在する。まず「有形」なものであり，建物や土地，絵画や彫刻のような芸術作品などの形で成立する。それは物的資本のように人間の活動により作られ，一定期間存在して継続的にサービスのフローを生み出し，現在の資源の投資を通じて増大することができる。次に「無形」の文化資本であり，これは集団によって共有されている観念や慣習，信念や価値といった形式をとる知的資本として成立している。この文化資本の形態は，公共財として存在する音楽や文学のような芸術作品という形でも存在する。この知的資本のストックは，放置されることでその価値を減少させるし，新しく利用されることで価値を増大させる。現存する知的資本の保全と，そうした知的資本の新たな創造は，ともに資源を必要とする。

　スロスビーによれば，有形の文化資本と無形の文化資本は，経済的価値の派生過程が大きく異なる。歴史的建造物のような有形の文化資産の場合，その資産の経済的価値は，その文化的価値のおかげで，大いに高められる文化消費を生み出す。また絵画のような芸術作品は，その文化的内容から，多くの経済的価値を派生させる。それに対して，無形の文化資本は，文化的価値と経済的価値の間に異なる関係を持つ。現存する音楽や文学といったストックや，文化的な習俗や信念のストック，言語のストックなどは強力な文化的価値を有しているが，経済的価値は皆無である。それらが印税のような収入に関する権利を持ち売買できる場合は別として，資産として取引ができないからである。むしろ資産の文化的・経済的価値を生み出すのは，これらのストックが生み出すサービスのフローであり，文化消費へとつながる。つまり無形の文化の場合には，ストックとしての文化的価値はフローになって初めて経済的価値と文化消費を生み出す。それゆえに，たえず文化資本に投資を行わないと無形の文化資本は枯渇してしまう。しかし文化資本への投資を継続的に行えば，フローとして消費者に便益をもたらすことができるので，文化への公的支援は，文化資本への投資と考えられる。

## （2）人的資本としての文化資本とソーシャル・キャピタル

　社会学において使われている文化資本は，ブルデューによって使い始められたもので，諸個人が当該社会で高い地位を持つ文化において十分な能力を獲得できたなら，その人物は文化資本を所有しているとみなすものである。ブルデューの文化資本は，3つの形態で存在する。第一に，身体化された文化資本で，場に応じた行動の仕方，ものの言い方などの能力を身につけていることである。第二に，客体化された文化資本であり，絵画，映画，書籍など文化財として獲得され，蓄積可能な資本である。その獲得には経済資本が必要であるが，文化資本として十分に効果を発揮するためには，それらを用いる身体化された文化資本が，その財の所有者によって所有されている必要がある。第三に，制度化された文化資本であり，身体化された文化資本が，学歴などさまざまな資格という形式において現実化されているものである。無形の文化資本の継承を考えた場合には，身体化された文化資本を持つ個人を育成していく必要がある。これは教育制度と関連させて考慮されねばならない問題である。これにより上流階層の文化とその消費が生み出される。

　社会における諸個人と集団との関係が問題とされる場合には，文化資本はソーシャル・キャピタルと組み合わせて考えなければならない。これは社会学の主要問題であり，ソーシャル・キャピタルの概念は，本質的に，市民同士の社会的ネットワークと信頼関係の存在に依拠している。ソーシャル・キャピタルは，経済資本と文化資本を補完しうるものと位置づけられる。

　芸術・文化の価値とその消費に関しては，所得を生み出し経済を成長させる経済資本，コミュニケーションを促進してコミュニティの維持形成にかかわるソーシャル・キャピタル，人々の精神を鼓舞する文化資本の3つの側面から捉える必要がある。文化がなぜ，まちづくり，産業発展，および企業経営にまで関係するのかといえば，文化資本ばかりではなく，ソーシャル・キャピタルや経済資本としての側面を併せ持つからである。多くの地域で，地域固有の資源を，文化資本・ソーシャル・キャピタル・経済資本の3つの側面から再評価してまちづくりに位置づける試みが行われている。再生された地域において，新

たな文化消費がなされる。

# 2 現代アートと文化消費

## （1）80年代までのアートと文化消費

　70年代に美術館以外の施設や屋外での展覧会が増えつつあったが，日本のアートプロジェクトに大きな影響を与えたのが，ドイツのミュンスターで始まった「ミュンスター彫刻プロジェクト」であった。10年に一度の開催であったが，市街地や公園などに作品が設置され，その一部をまちに残すプロジェクトである。これが意味したことは，開催年に行われる展覧会だけでなく，その後のプロセスも含んだプロジェクトである。このミュンスター彫刻プロジェクトは，アーティストが現地に滞在して，市民たちと議論を重ねながら作品を制作し，屋外に設置するという「ワーク・イン・プログレス方式」を採用したことに特徴がある。この方式による作品制作手法が創造的な地域の再生・発展につながることが評価され，世界的に普及していくことになる。

　美術館などの建築空間に展示される芸術作品と異なり，まちなかや公園など公共的な空間に設置される芸術作品をパブリックアートと呼ぶ。都市計画において，意図的に公共空間に設置される現代アートが次第に増加してきた。公園のオブジェ，水や光を使ったメディアアート，その場の意味を強く反映させたインスタレーションなどである。公共空間にパブリックアートを設置する目的は，市民と芸術を近づけることである。そして空間を魅力的なものにして，まちづくりと結び付けて都市の文化的価値を高めることであり，都市再開発事業の主流となりつつある。これらが美術館や博物館，音楽イベントなどの文化消費を促進することにつながっていく。

　このパブリックアートには，いくつかの流れがある。第一に，イサム・ノグチの造形に代表されるような，広場や公園などに石や金属などの抽象的なフォルムを配置することによって，新たな空間を創造するものである。第二に，この流れを発展させたダニ・カラヴァンの造形のように，広い都市・自然環境の

コンテクストの中にモニュメント性の強いフォルムを組み込んでいくものである。第三に，環境そのものを芸術とするランドアートである。これには2つの方向性がある。一つは米国西部の自然環境を舞台に生まれた大地を刻み，大地を無限のキャンバスに見立てた大地の芸術としてのアースワークである。もう一つは，環境にやさしいランドアートであり，風土の意味を創造的に問いかけるものである。日本で現在ブームとなっているアートプロジェクトは，この後者の方である。

## （2）90年代以降のアートと文化消費

80年代から90年代にかけては，日本がバブル経済へと向かっていく時期となる。バブル景気の余波で，企業が文化活動に関与することが増加し，社団法人企業メセナ協議会が1990年に設立された。同年，芸術文化振興基金が政府と民間の出資により創設され，助成金受給の範囲が拡大した。また地方自治体でも文化に対する関心が高まり，美術館や博物館など建設が相次ぎ，いわゆるハコモノ行政がピークに達した。この背景にはバブル景気による税収増だけでなく，国からの「ふるさと創生事業」支援などもあり，地方の文化振興における追い風となった。

その後の80年代から90年代にかけて，「空間」から「場」へと概念が拡張していく。社会における文化環境が変化していく中で，芸術の新しい環境を目指す動きが現れてくる。同時代の社会の文脈に入り込み，個別の社会的事象と関わりながら展開される，創造的で共創的な芸術活動である。

アートが社会システムと関わり始めた事例として重要なものに，福岡県福岡市天神地区を中心に1990年から隔年で開催された都市型美術展「ミュージアム・シティ・天神」があった。当時パブリックアート概念が流行し始めており，まちに彫刻作品を中心とした作品が多く置かれた。このプロジェクトは美術関係者だけでなく，企業や行政などさまざまな有志によって運営された点が画期的であり，プロジェクトの社会的視野の広がりがあった。当初はバブル景気による民間企業の出資で事業費が賄われていたことも新しい傾向であった。

このプロジェクトは2004年まで開催されたが，後期はより社会システムに働きかけるようなプロジェクトが多かった。このころより「場」に帰属する作品や場の特性を生かした作品が増加する。「サイト・スペシフィック」という概念が広まっていき，新たな文化消費の場が生み出されていく。

## （3）21世紀のアートプロジェクト

　90年代初頭にバブル経済は崩壊し，不動産開発ブームも終わりを告げた。ハコモノ行政への批判は強まり，美術館や劇場などのハードではなく，ソフトとしての文化に目が向かうようになった。1995年に起こった阪神・淡路大震災が契機となり，アートが社会の再建に対して何ができるのかという問いかけが起こり，アートと社会の接点をつくる動きがみられてくる。バブル経済崩壊を通して，経済効率一辺倒であった価値観が変化し，社会とのつながりを求める方向性が生まれた。芸術の枠の中にとどまらずに，まちづくりなどの他の分野と結びついて社会の仕組みへ働きかける創造的なアートプロジェクトが生まれ始め，新たな文化消費の方向性が現われる。

　このようなあり方への一つの方向性を確立したのが，新潟県の豪雪地帯である越後・妻有地域を舞台として，2000年から3年に一度開催されている「大地の芸術祭　越後・妻有アートトリエンナーレ」という大規模な国際美術展である。作品を地域の集落に点在させて，典型的な日本の農村での回遊性を高め，この「場」を通して「日本の原風景」を再発見させることに成功した。アートプロジェクトは地方自治体が主催し，都会の若者や地元住民が「こへび隊」というボランティアとして制作補佐や運営を手伝うという点が特徴である。特に過疎の村で，地元女性たちが古民家をリフォームし「農家レストラン」というコミュニティビジネスを立ち上げたことなどが話題となり，新しい創造的な地域づくりの在り方として評価を得た。この「越後・妻有アートトリエンナーレ」を契機として，アートプロジェクトと地域社会が結びつき，経済波及効果だけでなく，地域コミュニティの活性化につながるという視点が大きく評価されるようになる。そして2010年には，都市型アートプロジェクト

「あいちトリエンナーレ」，過疎の島々で開催される大規模国際美術展「瀬戸内国際芸術祭」の開催が始まった。空間と作品との関係に関心が集まった時代から，その場所の歴史性や同時代性，社会的な文脈などを含めた「場」という概念，さらには仲間が集まり，新たなコミュニティやネットワークのハブとなる「拠点」という概念へと関心のあり方が変化してきた。このことによりアートプロジェクトとして捉えられる活動が増加してきたのである。大型のアートプロジェクトは多くの観客を引き付け，新たな大きな文化消費を創り出した。

# 3　過疎地から現代アートの文化消費の場への発展

## （1）直島プロジェクトから瀬戸内国際芸術祭へ

　過疎化と高齢化により，さびれつつある瀬戸内海の島嶼部において，現代アートによる島の再生が進展し，新たな文化消費を生み出している。香川県直島で始まった試みは，もとは 80 年代のバブル景気による観光開発が頓挫した跡地を，直島文化構想を掲げた福武書店（現在のベネッセ・ホールディングス）が取得し始まった。1989 年に国際キャンプ場をオープンし，3 年後の 1992 年には美術館とホテルを併設するベネッセハウス・ミュージアムを開設する。ホテルの部屋にはテレビが無く，アートと景観を楽しむ高級リゾートである。1998 年に直島本村地区で，空き家となった古い民家を譲り受け，現代アート作家が作品に屋号をつけて展示する「家プロジェクト」が始まる。アーティストは直島に滞在しながら，地域の歴史や空き家の元の住人の話などを聞き取り，自分の作品を構想する。ミュンスター彫刻プロジェクトの特徴であるアーティストが現地に滞在し，市民と対話しながら作品を制作し設置する，いわゆる「ワーク・イン・プログレス方式」でこの「家プロジェクト」は運営された。これにより制作理念としての「サイト・スペシフィック」が浸透していく。

　2004 年に安藤忠雄氏の設計で地中美術館が開館する。海外の旅行誌などにも取り上げられ，来島者が飛躍的に増加する。2008 年には近接する犬島の精

錬所の遺構を活用した「犬島精錬所美術館」を開館する。2010年にはさらに直島に安藤忠雄氏設計で「リー・ウーファン美術館」，豊島に西沢立衛氏設計で「豊島美術館」を開館させる。直島福武美術館財団は直島での成功を踏まえ，瀬戸内海の島々をアートで結ぶ「瀬戸内アートネットワーク」構想を発表していたが，瀬戸内海におけるアートのインフラが着々と建設されていく。

　ベネッセは2001年に島内全体を現代アートの会場とする「スタンダード展」を開催し，観光客を島内全体に分散させる経済効果とともに，住民のボランティア活動を引き出すことに成功した。これが2006年の「NAOSHIMA STANDARD2」へとつながる。この現代アートを使った島おこしは観光面で成功をおさめ，1990年には年間1万人であった観光客は，2000年には4万人，2008年には34万人と急増した。そして2010年に開催された「瀬戸内国際芸術祭」へと発展していき，大きな文化消費を生み出していく。

## （2）福武總一郎と瀬戸内国際芸術祭

　直島から始まった現代アートによる島おこしにおいて，最も重要な役割を果たしたのが，株式会社ベネッセホールディングス取締役会長，公益財団法人福武財団理事長の福武總一郎氏であった。福武總一郎氏は福武書店の創業者の子息であり，地元岡山出身である。当初はベネッセが中心となり事業を進めてきたが，企業活動の制約もあり，公益法人福武財団に活動の中心をシフトしていった。福武總一郎氏は「経済は文化のしもべである」が持論であり，文化の影響力に関する基本的な考え方と直島とその住民に対する思い入れの強さが，アートプロジェクトを成功に導いてきた。福武財団は福武家を中心に設立された財団であり，実質的には福武家のフィランソロピーである。

　瀬戸内国際芸術祭が構想される段階では，この福武財団と香川県が中心的な役割を演じている。香川県は2003年の時点で「アートツーリズム」を推進しており，若手職員を中心に島々を舞台とした国際美術展の開催を知事に提言していた。すでに直島福武美術館財団は直島での成功を踏まえ，瀬戸内海の島々をアートで結ぶ「瀬戸内アートネットワーク」構想を同時期に発表していた。

　しかしここで一番影響力を発揮したのが，福武總一郎氏であった。すでに開催
されて成功をおさめていた「越後妻有アートトリエンナーレ」を視察，参加し
て，越後妻有アートトリエンナーレの総合ディレクターを務めている北川フラ
ム氏に瀬戸内国際芸術祭構想を打診した。これにより，この 2 人の個性的な
リーダーが主催する瀬戸内国際芸術祭が開催される運びとなる。

　福武總一郎氏の信念が直島，犬島，豊島のアートによる島おこしに反映され
ている。瀬戸内海の島々は 1934 年に指定された初の国立公園の一つであるが，
日本の近代化や戦後の高度成長を支え，負の遺産を背負わされた場所である。
直島や犬島には亜硫酸ガスを排出する精錬所が建てられ，豊島は産業廃棄物の
大量不法投棄により自然が痛めつけられてきた。そうした現代社会のひずみに
対する強い憤りや東京への反骨心が，活動の源泉となっている。現代社会への
疑問や憤り，また取り残されて過疎化する故郷の島々に対する思い，社会を変
えたいという使命感が，長年にわたる活動を支えてきた。

　福武氏は日本の高度成長とその後の脱工業化の中で，取り残されていく瀬戸
内海の島々を思い，大きな違和感を覚えてきた。この違和感を意識し，その正
体を見極めてそこに何かを見出そうとする「知」のあり方こそが，「境界知」
である。そしてこの主観的な違和感を覚える状況や対象を相対化し，俯瞰的な
視点を取ることで違和を客体化し，異和へと転換することが，違和感の克服と
なる。暗黙的な知を形式化していくプロセスであり，「境界知」は違和感の状
態を自ら変化させていく能力それ自身でもある。そしてこの自己変容は人間の
創造性へと直結する。そのプラスの好例が芸術作品である。

　福武氏自身は芸術家ではないが，出版や教育事業などを通じてアートによる
近代化の克服を着想し，過疎化に苦しむ地域を創造的な場にしようとする挑戦
がなされたのである。

## （3）瀬戸内国際芸術祭の開催

　瀬戸内国際芸術祭は「海の復権」をメインテーマにして，美しい自然と人間
が交錯し交響してきた瀬戸内の島々に活力を取り戻し，瀬戸内海が地球上のす

べての地域の『希望の海』となることを目指し，開催されている。第一回の瀬戸内国際芸術祭は，2010年の7月から10月まで，瀬戸内海の7つの島と高松港周辺で開催されて，18ヶ国75組のアーティストやプロジェクトが参加した。「アートと海を巡る百日間の冒険」というサブテーマで開催された。来場者は当初の予想の3倍近くとなり，延べ94万人となった。主催は瀬戸内国際芸術祭実行委員会で，会長は香川県知事，実行委員会事務局は香川県庁におかれた。総合プロデューサーは福武總一郎氏，総合ディレクターは北川フラム氏が務め，この第一回の大成功により，3年後の開催が決定することとなった。そして第一回目から現在まで，この2人の強いリーダーシップのもと開催が続いている。

　第二回瀬戸内国際芸術祭は，2013年3月より11月まで，春会期，夏会期，秋会期と開催期間を3期に分散して合計108日，第一回の7島に新たに5島を加えた12島と高松港および宇野港周辺で開催された。26ヶ国，200組の参加があり，サブテーマは「アートと島を巡る瀬戸内海の四季」で，来場者は107万人と増加した。

　第三回瀬戸内国際芸術祭は，2016年3月より11月まで，第二回同様に3会期分散の計108日開催された。開催地も同様に12島と高松港・宇野港周辺，サブテーマは第二回と同じであった。参加アーティストは33ヶ国，約230組と増加し，約150組が新規展示となった。主催も同様に，瀬戸内国際芸術祭実行委員会が務め，総合プロデューサーは福武總一郎氏，総合ディレクターは北川フラム氏，そしてコミュニケーション・ディレクターとしてデザイナーの原研哉氏が参加している。来場者は104万人と第二回とほぼ同じであった。

　第四回瀬戸内国際芸術祭は，2019年4月から11月まで，前回同様に春，夏，秋の3会期分散の総計107日間開催となっている。開催地も前回同様に12島と高松・宇野である。第四回では，地域の文化や食を前面に出し，またアジアとの連携を強化している。海外からの注目度も高く，「人とは違った旅」を望む旅行者に新しい旅のアイデアを提供する米国大手旅行雑誌であるナショナル・ジオグラフィック・トラベラー誌（英国版）に，2019年に注目する旅行地

「The Cool List 2019」の第一位に瀬戸内海が選出され，瀬戸内国際芸術祭が紹介された。その他にもニューヨーク・タイムズやザ・ガーディアンなどが取り上げて紹介している。

その後，コロナ禍を経て，2022 年 4 月より瀬戸内国際芸術祭 2022 が「海の復権」をテーマに開催された。春 35 日，夏 31 日，秋 39 日の合計 105 日間，アジアとのつながり，「食」の強化などの大会方針のもと開催された。次回は 2025 年に開催予定である。

## （4）アーティスト，ボランティア組織「こえび隊」と地域住民との交流

「こえび隊」は，越後妻有アートトリエンナーレで活躍している「こへび隊」をベースとして，総合ディレクター北川フラム氏の発案で設立されたものである。「こへび隊」は越後妻有アートトリエンナーレをサポートするボランティア団体で，主に若者が都市から参加している。越後妻有では，この「こへび隊」などの若者と地元住民との交流が高く評価されていた。「こえび隊」は瀬戸内国際芸術祭のボランティア組織として，2009 年 10 月に発足した。第一回瀬戸内国際芸術祭では，延べ 8,500 人，実働 800 人，第二回では延べ 7,000 人，実働 1,300 人の「こえび隊」が活躍し，海外からの参加もあった。主な活動は，アーティストの作品制作を手伝うことであり，芸術祭開催後は会場の受付や案内および解説を行う。また「こえび隊」の対応の良さは観光客にも好評であった。この「こえび隊」は実行委員会とは別の組織であり，2012 年に NPO 法人化された。ボランティアのコーディネートだけでなく，レストランの経営，関連商品の販売なども行っている。アートフェスティバルにともなう新たな消費経済の創出である。

「こえび隊」は瀬戸内国際芸術祭の成功要因の一つとして，高く評価されている。地域住民と外部からきたアーティストや「こえび隊」の若者との交流が，地域の創造的活動を活発化させたからである。アートプロジェクトで，アーティストが作品を制作するにあたって，ボランティアや地域住民が協力するプロセスが評価されている。このプロセスを通して，地域に創造性への活気

が生じた。また芸術祭では過疎化した島に多くの観光客が国内外から訪れ，注目され，島民に誇りが生じた。また芸術祭後にも残される作品は文化資本となり，愛着が生まれた。過疎で高齢化する島の地域社会で，ボランティアの若者との交流は高齢者の生活の質の向上につながった点をあげることができる。

# 4 アートプロジェクトとソーシャル・キャピタルの形成

　現在の瀬戸内海の島々において，急速な過疎化が進展している。若者は都市へ流出し，島に残された人々も高齢化しており，地域コミュニティの維持が困難になってきている。コミュニティ内における交流やコミュニケーションは大幅に減少してきており，地域コミュニティは衰退をたどる。また地域特有の人間関係のしがらみや変化を嫌う保守的な住民の意識が，地域社会を硬直化している。他方で，アーティストは自己のアトリエで，オリジナルな作品の制作を志向する。現代のアートシーンの中で評価されるような作品の制作を目指す。この過疎化する地域と現代アートのアーティストは，本来は混じり合うことのないものである。

　しかし越後妻有アートトリエンナーレの成功にみられるように，創造的な地域再生に果たすアートの役割に注目が集まるようになった。それまでの芸術志向の強いアートフェスティバルではなく，サイト・スペシフィックな地域を志向するアートプロジェクトが中心の瀬戸内国際芸術祭では，アーティストが現地に滞在し，地域住民との対話などを通して作品を制作する「ワーク・イン・プログレス方式」が多くの作品でとられている。その地域の固有の文化や風土，歴史といったものが制作上の重要な要因となり，サイト・スペシフィックなものとなる。その制作から展示・開催にいたるプロセスにおいて，地域が創造的に活性化し再生がなされている。

　地域住民と外部から来たアーティストやボランティアとの関係性はどのように評価できるか。パットナムはソーシャル・キャピタルの形式の多様性の中で最も重要なものとして，内向きな「結束型」と外向きな「橋渡し型」を提示し

ている。「結束型」のソーシャル・キャピタルは，特定の互酬性を安定化し，連帯を動かしていくのに都合が良い。「橋渡し型」のソーシャル・キャピタルは対照的に，外部資源との連繋や情報伝播において優れている。「結束型」ソーシャル・キャピタルによって強化される自己が，より狭い方向へと向かうのに対して，「橋渡し型」ソーシャル・キャピタルは，より広いアイデンティティや，互酬性を生み出すことができる。外部から来たアーティストが「ワーク・イン・プログレス方式」で地域住民やボランティアとの橋渡し役となりサイト・スペシフィックな新たな価値を創造し，文化消費を促進する。このプロセスを通して，地域住民は外部の新たな視点から地域の文化資本を再評価するようになる。また，設置された作品が芸術祭後も文化資本として地域に残ることから，継続的に地域に対して誇りを持つようになる。

　冒頭でも指摘したが，文化資本としてのアートとソーシャル・キャピタルを組み合わせて考える必要がある。人々の精神を鼓舞する文化資本としてのアート，それを作成するアーティストやボランティアと地元住民が信頼を通して結び付けられる。それが地域コミュニティ内でのコミュニケーションを促進し，衰退する一方であった地域コミュニティが再生される。さらにカルチュラル・ツーリズムにおける経済波及効果に関しての評価が高い。開催期間に島キッチンというレストランができ，地域に雇用が生じるなど評価されている。新たな経済資本にいかにつなげて文化消費を拡大していくかは課題の一つである。

# 5　文化資本を活用した新たな消費の創出

　現在，多くのアートフェスティバルが開催されている。都市型アートフェスティバルとしては，「あいちトリエンナーレ」や「横浜トリエンナーレ」などが開催されている。一時より落ち着いたが，ビエンナーレ，トリエンナーレに関するブームは続いている。

　瀬戸内国際芸術祭はアートに関する特定のコンセプトのようなものを問うわけではない。またアートに関するクオリティを競うものでもない。地域再生の

成功というところに視点が集まり，同様なアートフェスティバルが増加している。それにともない，作品の作り方も見せ方も画一的となり，パターン化してきたようにみえる。

　アートに関するカルチュラル・ツーリズムはブームとなり，テレビ番組で取り上げられ，また女性雑誌などに特集が組まれることも多くなっている。実際に瀬戸内国際芸術祭には 20 代，30 代の多くの女性が訪れている。各地で行われるアートフェスティバルに関心が集まり，同じようなアートフェスティバルを複数体験する観客が増加し，風景とアートのつくりだす空間への体験に新鮮味が生じなくなる可能性が指摘されてもいる。瀬戸内国際芸術祭も第二回開催では大きく来場者数を増加させたが，第三回開催では若干ながらも来場者数を減らしている。このパターン化をいかに打破するかも課題の一つと思われる。

　第二回開催より，小豆島の閉校となった小学校をアジアプラットフォーム「福武ハウス」として再生した。アジア各地で地域と深く関わり活動するアーティストやキュレーターなどの個人や NPO やアートセンターなどの団体との交流を通じた実践とプレゼンテーションの場として活用されている。パートナー組織として，台湾歴史資源経理協会（台湾），香港アーツセンター（香港），ジム・トンプソン・アートセンター（タイ），チェメティ・アート・ハウス，ササ・アート・プロジェクト（カンボジア）があり，さまざまな活動を通して理解を深めあっている。画一化打破への方向性として打ち出されているのが，外部とのさらなる「橋渡し」であり，アジアへの指向性である。これが文化の多様性へとつながり，新たな文化が創出される。

　また島全体が国立のハンセン病療養所である大島における展示が拡大されている。1909 年の国の政策により，ハンセン病患者は島に隔離して管理・療養されてきた。らい予防法は 1996 年に廃止されたが，大きな人権問題を長年生じさせてきた。創造的な地域創生の役割を瀬戸内国際芸術祭自体は担っているが，特定のコンセプトは持たない。人権という世界的にも普遍的なテーマを掲げていく方向性が存在するように思える。

　アートによる創造的地域再生の試みに持続性を持たす必要がある。地域に存

在する無形の文化の場合には，ストックとしての文化的価値はフローになって初めて経済的価値を生み出す。それゆえに，たえず文化資本に投資を行わないと無形の文化資本は枯渇してしまう。しかし文化資本への投資を継続的に行えば，フローとして消費者に便益をもたらすことができる。つまりアートプロジェクトは継続させていく必要がある。そして地方自治体によるアートプロジェクトへの公的支援は，文化資本への投資と考えられる。

　そして文化資本はソーシャル・キャピタルと組み合わせて考える必要がある。ソーシャル・キャピタルの概念は，本質的に，市民同士の社会的ネットワークと信頼関係の存在に依拠している。無形の文化資本同様に，ソーシャル・キャピタルの物的資本との重要な相違は，ソーシャル・キャピタルは使用されることによってではなく，使用されなくなることによってその価値を失っていくものである。それゆえにソーシャル・キャピタルは，経済資本と文化資本を補完するものと位置づけられる。この地域コミュニティ内に構築されたアーティスト，ボランティア，地域住民との信頼を失わないためにも継続開催への努力，そのための創造的な画一化打破への努力をしていく必要性があるだろう。新たな革新的な文化芸術を地域に創出し，カルチュラル・ツーリズムなどで新たな文化消費を継続的に生み出していくことにつながるからである。

**参考文献**

熊倉純子監修（2014）『アートプロジェクト　芸術と共創する社会』水曜社。

スロスビー・デイビット（2005）『文化経済学入門』（中谷武雄・後藤和子監訳）日本経済新聞社。

西田正憲（2008）「過疎地域の越後妻有と瀬戸内直島における現代アートの特質に関する風景論的考察」『ランドスケープ研究』71（5）。

野田邦弘（2011）「現代アートと地域再生」『文化経済学』第8巻第1号，文化経済学会〈日本〉。

パットナム・ロバート.D（2006）『哲学する民主主義』NTT出版。

パットナム・ロバート.D（2006）『孤独なボウリング』柏書房。

福武總一郎・畠中克弘・樋口智幸（2013）「町おこしに経営の視点は不可欠」『日経アーキ

テクチュア』vol.998。

ブルデュー・ピエール（1990）『ディスタンクシオンⅠ・Ⅱ』藤原書店。

安田武彦（2007）「東アジアの経済発展とサービス産業クラスターの育成策」『日本消費経済学会年報第28集』日本消費経済学会。

ランドリー・チャールズ（2003）『創造的都市』（後藤和子監訳）日本評論社。

（安田武彦）

第8章

# 文化クラスターの形成と創造都市

## 1 文化経済における都市

### （1）都市における文化産業の役割

　都市において知識が集積して知識外部性を生み，そして濃密なコミュニケーションがネットワークを通してなされ，イノベーションへの創造の場が形成される。今まで科学・技術をいかにビジネスと結びつけるかということに関して，ニーズやシーズの観点からイノベーションの分析がなされてきた。都市におけるサービス経済化の進展は，この科学・技術やビジネスに芸術・文化を加えて，都市のサービス経済をいかに質的に高度化するかという課題に直面している。科学・技術，文化・芸術，ビジネスの3要素の融合によりサービスのイノベーションを促進し，他の都市と差別化したサービスを生み出すことが重要視されるようになってきた理由を歴史的な側面から考察する。

　80年代から90年代にかけておきた都市に関する大きな変化として，都市開発と文化の関係性の深まりがあげられる。80年代に先進国は規制緩和とグローバル化の時代にはいった。自国通貨の上昇と世界的な競争激化により，製造業ではその生産拠点を海外に移転する動きが加速していた。都市に存在した工場は，人件費の安い発展途上国へと移り，都市において産業の空洞化が進展する。先進都市は脱工業化の時代に入り，サービス産業中心の都市開発を行う必要性が高まってきた。工場の移転など中心市街地の衰退によりスラム化した地域の再生に当たって，知識や感性が重要となる文化産業を誘致することの重要

性が広く認識されるようになってきた。

　次に，文化産業が観光業など他の産業に経済波及効果を生む中心的な産業となりつつあるという認識の広まりである。文化施設に訪れる観光客は宿泊，食事，みやげ物などに多くを支出してくれるからである。このような文化産業が生み出す経済波及効果により，ホテル，小売業，レストラン，輸送機関などでの雇用が増大し，産業空洞化による失業者を吸収してくれることへの期待が増していた。

　そして，産業誘致や住民移住で都市間の競争が激しくなる中で，文化を使った都市のマーケティングが盛んになってきた。特に都市間で付加価値の高い産業の誘致争いが激化していることがあり，文化産業が生み出す都市のアメニティを充実させることが，投資と優秀な知識労働者を誘致する決め手となってきているからである。それとともに，都市の景観そのものにアートを取り込むという都市づくりが活発になってきた。中心市街地にある工場や倉庫の跡地を，アート・スペースや文化産業のインキュベーターとして活用し，都市再活性化を目指す創造都市の試みが行われてきた。

## （2）文化都市の知識外部効果

　都市の発展における芸術・文化の及ぼす影響に関しては，都市経済学において創造的都市論として研究されてきた。チャールズ・ランドリーは，都市再生などの都市問題に関する創造的解決のために，「創造的な場（ミリュー）」をいかにして作り上げて，運営し，維持するのかということを政策的に考察している。これは欧州で提起された「イノベーション・ミリュー」と似た概念である。「イノベーション・ミリュー」とは，地域性を持つが，地域の外部にも開かれた複合体であり，それはノウハウ，ルール，関連経営資源などを含むものと定義されている。このミリューの中では，企業内または企業をまたがる個人の間に社会的ネットワークが形成され，情報や知識の活発な交換や共同学習が行われるとしている。これは地域クラスターとして定義されているものと類似した概念である。ランドリーは主に欧州における都市を中心として，創造的な

場に関する問題を考察している。都市における付加価値は，製造業よりも製品や工程やサービスに適用される知的資本から生み出されているとして，そのような知的資本を生み出す創造的な場としての都市の分析を行っている。創造的な場とは，一つの物質的な条件設定であり，「ハード面の」都市基盤と「ソフト面の」都市基盤が，一連のアイデアや発明を生み出すために必要であるとして，特にソフト面の重要性を指摘する。これは，物事を結びつける構造や，社会的なネットワーク，コネクションや人々のやりとりなどからなるシステムであり，クラブやインフォーマルな団体の定期会合，あるいはビジネス・クラブのような共通利害を持つネットワーク，そして公的，私的なパートナーシップなどである。そして創造的な場でこのようなネットワークが力を発揮するには，高度な信頼関係，自己責任，強力で明文化されていない諸原則をともなった柔軟な組織運営が必要とされる。そして信頼こそが創造的な場をうまく動かすための中心的なものであり，それが一連の創造的アイデアと革新をもたらす。

　文化産業が集積していて活発に文化的なイノベーションを起こしている地域を「文化クラスター」として，文化経済学では分析が行われてきた。文化クラスターの研究の多くがジェーン・ジェイコブズの都市論にもとづくクラスター・アプローチをもちいて研究されてきた。都市に文化クラスターが形成される理由としては，多様な労働市場，寛容さ，そして効率的運営につながるクチコミなどがあげられている。それらは都市に存在する希少性があり，価値があり，また多様性のある知識と関連しており，このような知識へのアクセスの確保こそが企業の競争優位の源泉となる。また文化クラスター内では，多様な知識の迅速な組換えが可能となるという理由がある。この迅速な知識の組換えの必要性が，まさに伝統的な産業と文化産業の異なる点である。文化産業の特徴として重要なことは，プロジェクト・ベースである点である。ほとんどのプロジェクトが以前のものとは明らかに異なる新たなものとなるので，競争優位に立つためには異なるコンピテンスを持つ新たなプロジェクト・チームを短期間に創り上げる必要がある。それゆえにジェイコブズのアプローチによれば，

地域の人的資本の多様性が文化クラスターには必要であり，そのような多様性は大都市にこそ主に見られる特徴である。したがって寛容性と開放度の高い都市に，文化クラスターは形成されることになる。

# 2 サービス産業の非技術的イノベーションと産業集積

## (1) サービス産業の非技術的イノベーション

ITなどの技術的イノベーションが核となって，サービス産業に非技術的イノベーションを生み出す。ITは最終消費者や部品供給業者との直接的な取引を可能とし，従来の仲介業者を不必要とした。この従来の仲介業者には，小売業者や卸売業者だけでなく，マーケティング・リサーチ会社などのマーケティング情報の仲介者も含まれる点が重要である。企業は顧客情報に関して，直接的に多くの情報を獲得できるようになり，それらの情報をデータベース化して分析し，アフターセールス・サポートに活用できるようになりつつあった。

しかし情報社会の急速な進歩が，新たな情報仲介業者の必要性を生み出す。技術変化が早すぎるために，ITに関する専門的知識がますます必要となり，それを自社内で調達し，処理することを困難としていた。例えば，検索サイトの上位にランクされることが，自社のホームページへのアクセス数の増加につながる。そのために検索エンジン・マーケティングという検索結果の上位に位置するためのマーケティングが生まれ，検索エンジン最適化といわれる手法を駆使する企業が登場した。この企業がGoogleであり，2000年代後半には新たな情報サービス事業が登場し，米国において情報経済化は新たなステージへと入った。

またITは企業において効率的かつ効果的なサービス提供のための組織改革を促す。物理的な店舗の必要性は低下し，企業はオンラインでのサービスに重点を大きく移していた。小売業にとどまらず，銀行，保険，証券といった金融サービス業などはその組織構造を大きく変化させ，新たなサービスを提供し，サービス産業のさらなる「情報産業化」または「デジタル経済化」が進展して

いた。このように技術的イノベーションが，サービス・プロセスにおいて非技術的イノベーションをおこし，さらに新たなサービスを提供することにつながった。また，サービス産業において，企業は新しいサービス・コンセプトを実現するために，また顧客ニーズに合わせたサービスをより多く提供するために，サービス機能を促進するモノやサービスの開発を新たに行う必要が生じる。このことが新たな非技術的イノベーションにつながっていた。

　サービス産業においては，現在まで相対的に重要であるのは，非技術的イノベーションであった。そして当時，サービスの差別化やイノベーションにおいて，ますます重要になっていたのが，芸術や文化がもたらす要素であった。モノに満たされた先進国の消費者は，コンテンツなどサービスに対する支出を増加させている。先進国のコンテンツ産業における鑑賞者や観客のレベルの高さを考慮すれば，サービス全般の質の高度化の問題に方向性を与えるのは文化や芸術である。サービス産業においても，競争上の焦点はサービスの質の開発に移行しており，文化や芸術のもたらす非技術的イノベーションに関心が集まりつつあった。

　製造業においては，顧客との長期的関係を維持するために，アフターサービスが極めて重要な役割を演じている。そこでも重要となるのが，サービスの質の開発であり，非技術的イノベーションが重要度を増している。このサービスの質の開発でも，重要な役割を演じているのが文化や芸術である。いかにそれらをうまく取り入れて洗練された製品やサービスに仕上げられるかが問われた。

　科学・技術，ビジネス，文化・芸術をいかに融合するか，そのことが製造業の「サービス産業化」やサービス産業の「情報産業化」に，競争優位性をもたらす方向性を与えると考えられていた。

## （2）サービス産業集積と都市

　当時から現在まで，サービスの関連する最も顕著な特徴として，都市への経済活動の集中があげられる。先進国および多くの発展途上国では，70％以上が

都市に居住する。サービス経済化は都市において著しく進展しており，この都市における集積とイノベーションの関係性に関する研究が，ポーターを中心とする企業活動の戦略論の視点に立つクラスター理論，一般均衡理論のアプローチを取る空間経済学，地域経済学といったような分野において活発に行われてきた。

　サービス活動が大都市に集積するのはいくつかの基本的要因によって説明がなされてきた。第一に，サービスにおける不可分性と規模の経済があげられる。サービス活動の特徴の一つが不可分性であり，これが人口の多い都市にサービス産業が集積する理由の一つである。そして集積が進むことによって規模の経済性が生み出される。第二に，ヒト，モノ，サービス，カネ，情報などに関する広義の輸送コストがあり，都市に集積することによりそのコストを低減することができる。第三として，サービスの多様性とそれを提供する企業や人間の多様性があげられる。成熟した先進国の都市における消費の多様性に対応するために，国内外からのヒトやカネが活発に都市に流入し，サービス産業の集積が進行する。

　都市にサービス産業が集積するメカニズムを具体的に明らかにする。都市における多様なサービスの需要に対して，多様なサービスの供給がなされる。それがサービスを提供する労働者の雇用と所得の増加につながる。これが，サービスの多様な提供が労働者の所得を増加させる一次連関効果である。するとサービス雇用の多い都市へ優れたサービス技能を持った労働者の移住やサービス企業の投資が活発化し，より多様なサービスの供給がなされるようになる。このさらに拡大したサービス市場がより専門的なサービス生産者を多く誘引する過程が二次連関効果であり，都市に規模の経済が働いていることを示している。このようなポジティブなフィードバック・メカニズムにより都市にサービス部門の企業と労働者が集積する。

　次にサービス業と製造業の相互作用の観点から考察してみる。製造業からアウトソーシングされるようになった多様なサービスが都市において供給されるようになる。これまでみてきたように，自社では調達できないような専門的で

多様なサービスの提供により，製造業者は生産性を向上することが可能となる。これが一次連関効果であり，そのことによって他地域に立地していた多くの製造業者が，その都市へと立地するようになる。そしてこの高度なサービスの需要の拡大が，その都市へより専門特化した高度なサービスを提供する企業を誘引することにつながる。これが二次連関効果であり，このようなポジティブなフィードバック・メカニズムにより，先進的な製造業者とサービス企業が都市に集積することとなる。

　またサービス活動ではその不可分性の特長により，フェース・ツー・フェースのコミュニケーションが重要となる。そのような濃密なコミュニケーションが知識集約的なサービス産業の特定地域での集積と，サービスにおけるイノベーションの場の形成に貢献する。このコミュニケーションは知識が多様であればあるほどイノベーションを促進するので，そこに集積する人材の多様性が確保され続けられる必要が生じる。このサービス産業における知識の多様性による集積形成のメカニズムを一次連関効果と二次連関効果の観点から考察する。

　都市において，多様なサービス活動とそれを提供する人材が集積し，そのサービス活動をサポートするビジネス支援サービス産業，ベンチャー・キャピタルなどが集積する。そうなると，サービス活動とその補完活動により，その都市においてサービスのイノベーション活動の生産性は上昇し，多様なサービス・イノベーションがその都市に集積するようになる。これが一次連関効果である。この多様なイノベーション活動の集積は，より多様な人材を誘引し，さらによりサービス・イノベーションに特化したサポート活動の集積を生み，その都市への多様な人材とサポート産業の集積が促進される。これが二次連関効果である。ここで重要な点は，サービス活動において多様な人材がもたらす知識の特質である。サービス産業における多様な知識労働者の集積は，市場では取引されない知識外部性を生み出す。多様な知識労働者によるフェース・ツー・フェースの情報・知識の交換が，新たな知識をサービス産業に創造し，またサービス活動の生産性の向上に貢献する。都市に集積し，交換される情

報・知識の特質は，明確に表現できない「暗黙知」であり，日常の対話を通して蓄積され，その都市固有の知識外部性を生み出す。この豊かな知識外部性により，サービス産業では新たな知と知，知と技の組合せが生み出され，都市に豊かな暗黙知がさらに蓄積されていくことになる。都市のサービス産業が集積し，そしてサービス・イノベーションを通して都市のサービス産業は高度化していく。

# 3　知識の仲介役としてのデザイン・ファーム

　90年代の米国において製造業の「サービス産業化」が先んじて進展したが，これは現在では世界的な流れとなっている。先進各国の製造業において，総売上高のうちサービス販売の売上高の比率は上昇しており，付加価値はサービス活動により生み出されている。この製造業の「サービス産業化」はイノベーション・プロセスにも大きな影響を及ぼしている。2000年代には製造業とサービス産業における相互関係はより複雑になり，新たな関係性の構築に成功した企業が競争優位を構築できるようになった。工業製品とカプセル化されたサービスとの新たな相互作用がサービス・イノベーションを生み出すが，この新たな相互関係を構築するのは容易いことではない。そのため，製造業とサービス産業とを結びつける新たな仲介業者の必要性が増している。製造活動とサービス活動の間に，新たな知識の連結を確立するためには，製造業者にもサービス業者にも無い斬新で専門的な知識を必要とするからである。それではどのような主体がこの仲介業者となりえるのであろうか。当然，そこには新たなビジネスの機会があるので，ベンチャー企業などがその役割を担うというのが一般的である。しかし現在，製造業もサービス産業もかなり知識集約的な関係性を発展させていく方向にある。そしてその知識集約的な方向は，ある面において科学・工学，および文化・芸術の知識の応用という特徴として現れている。これらの融合の仲介役として，新たなデザイン・ファームが役割を担っている。

　日本においては企業内でデザイナーを雇用して活用することが多いが，海外

では組織内で多くのデザイナーを雇用することは少なく，むしろ市場でデザイナーと契約することが一般的である。この企業がデザインサービスを外部に委託するという傾向は，現在世界的に強まっている。デザインの外部委託の方法は，デザイン要件の決定の委託からモニタリングまでさまざまな形態において行われている。英国ではデザインコンサルティング分野は，1980年代半ばから成長しており，英国のクリエイティブ産業では音楽分野と並んで，世界的な影響力を持っている。英国の製品デザインとエンジニアリング・デザインを手がけるコンサルティング会社の地域分布と企業規模をみると，10人以下の小規模企業が支配的であり，ロンドン周辺の地域でクラスターを形成していることがわかる。

　デザイン・ファームとして多国籍に事業展開している企業も登場しており，その最も世界的に知られているのが，IDEO社である。技術移転において，デザインがその知識仲介者として重要な役割を演じていることが明らかになってきたが，これは知識仲介をするデザイナーの人脈やデザイン・ファームのネットワークにより果たされる。そしてIDEOでは，デザイナーの採用において，技術仲介の役割ができるかどうかが重要視されている。この技術仲介には，以下のようなものがあげられる。

①技術へのアクセスとしてのデザイン。他産業で発展した技術の新たな導入による技術的な問題解決。
②学習過程としてのデザイン。デザイナーの持ち込む技術的解決法が社内に蓄積され，学習される。
③アイディアの結晶としてのデザイン。社内に蓄積された知識を新たに組み合わせて，新製品開発などで技術的解決に導く。
④結果としてのデザイン。デザイナーは新しい方法で組み合わせた知識で，デザイン的解決法をつくりだす。

　このようにデザイナーにより問題解決のための新たな知識が導入され，それが蓄積・発展することによって，組織自体も変化することになる。

# 4 デザイン・イノベーションとそのシステム

　英国では，デザイン・ファームがロンドン周辺地域におけるクラスターの形成で重要な役割を演じている。デザインのように企業が必要とする情報や知識が暗黙的であり，かつ急速に変化しているような場合には，企業は物理的に近接する方が経済性も得られる。

　ボストン近郊には，バイオ・テクノロジーの大規模なクラスターが形成されており，ハーバード大学，MIT，ボストン大学，タフツ大学など大学および研究所が存在し，多くのバイオ・テクノロジー関連のベンチャー企業が活動している。このクラスターにおけるバイオ・テクノロジーとデザインに関連する企業や大学・研究所などの組織からなる共同体には，濃密なコミュニケーションが存在し，イノベーションを促進している。クラスター内には技術的企業も多く，それら多くの参加者間で創造的な衝突や組み合わせが生じているからである。例えば，ボストンの医療用移植技術とその装置を開発している企業間において，このような関係がみられる。

　ボストンには，その他にもさまざまなデザイン・ファームが多数存在し，イノベーション・クラスターを形成している。このクラスターにおいて，デザイン・ファームは，技術や知識の仲介者としての役割を演じている。産業間や企業間で，技術や知識に関する価値の置き方が異なっており，デザイン・ファームは仲介者としてこれら知識や技術といった資源の流通を促進し，新たな価値の創造に貢献している。これらのデザイン・ファームも製品開発を手掛けているが，インダストリアル・デザイン以外にも一連の追加的サービスを提供している。それらは多岐にわたり，機械や電気分野の各種設計や分析，ソフトウェアのプログラミング，マーケティング戦略などであり，デザイン・ファームごとに異なる。

　またイタリアの州都ミラノを中心とするロンバルディア地方は，デザインにおける世界中心地である。ミラノにはデザイン・クラスターが形成されてお

り，デザイン創造システムとして機能している。このデザイン創造システムの主要プレイヤーは，大学やデザイン学校，美術館，ショールーム，写真家や広告代理店などのサービス・プロバイダー，職人，建築やインテリアデザイン雑誌の出版社，展示者，フェア，アーティストなどである。またこの地域は需要条件でも秀でている。イタリアの家庭では食費以外の家計の10％を家具に使っており，その他のEU諸国より高いが，特にこの地方は高い。このミラノのデザイン・クラスターにおいて，特に国際競争力を有する分野には，家具，照明，台所用品などの家庭製品と，洋服，ファッションアクセサリーなど個人のスタイルに合わせたブランド製品がある。家庭用品のアレッシー，照明メーカーのフロスやアルテミデ，家具メーカーのカッペリーニ，カッシーナなどが，デザイン主導型イノベーションの主要企業であり，イタリアやEUの業界成長率を上回る成長を続けた。このロンバルディア地方の特徴として，参加者一人一人の質や数ではなく，参加者間の相互作用の質の高さがある。クラスター内のネットワークの結節点でなく結びつきそのものが，その質の高さを生み出している。特に製造業者とデザイナーの結びつきが強く，海外の政策立案者から注目されている。

# 5　創造的な場と意味のイノベーション

## （1）デザイン・ディスコース

　デザインの世界的中心地であるイタリア・ミラノにおいて，画期的な新製品を生み出すプロセスを研究しているミラノ工科大学のロベルト・ベルガンディは，ユーザー中心のイノベーションに批判的で，デザイン・ドリブン・イノベーションを提唱する。実証的マネジメントの研究を進める中で，急進的イノベーションの先駆者たちは，意味のイノベーションを成し遂げており，そのイノベーション・プロセスは成文化されていない相互作用のネットワークで構成されているという。そしてイタリア・デザインの成功は，デザイナーよりもメーカーによるところが大きく，また外国人デザイナーによる貢献が大きいと

いう意外な特徴を明らかにしている。

　デザイン・ドリブン・イノベーションでは，モノに意味を与えるためには外部資源を活用しなければならない。企業は意味に焦点を当てるために，外部の研究プロセスを活用する。この非公式な広がりを持つネットワーク化された研究こそが，デザイン・ディスコースであり，意味の解釈者のネットワークとなる。

　このデザイン・ディスコースは文化的生産と技術の2方面の領域の解釈者からなる。文化的生産に属する解釈者たちは，社会的意味の調査と生産に直接に関与する。文化的生産の川上に当たる画家，作家，映画監督，音楽家といった芸術家は，社会における最も強力で象徴的なクリエーターとして文化の生産に従事する。次に芸術家と関連する協会，財団法人，美術館といった文化的組織が社会的意味の解釈と生産に関与する。既存の文化の代表としてふるまうだけでなく，新たな意味やビジョンを企画展などで提示し，文化の研究と実験を促進する。そしてそれらの活動や文化的現象の社会的影響などを意味と言語の研究から解釈する専門家が存在する。心理学，消費社会学，文化人類学，マーケティング，コミュニケーションの研究者である。そして最後に，文化的現象を観察して人々が内面化するプロセスに影響を与えるメディアも含まれる。技術の領域では，技術そのものだけでなく，技術の進化や文化と社会への技術の影響などを研究し調査する研究・教育機関がその中心となる。また技術的サプライヤーが大きな役割を担っている。その他としてデザイナーとデザイン会社，他産業の企業，小売と配送業者，ユーザーが，デザイン・ディスコースの一部を構成する。

## （2）意味のイノベーションと新たな文化社会的パラダイム

　漸進的でユーザー中心のイノベーションに対して，ベルガンディは急進的な意味のイノベーションを提唱する。意味は，人類の心理学的および文化的次元を反映する。それは価値観，信条，規範および伝統に強く依存するので，意味とは文化モデルを表しているといえる。それゆえ，意味の急進的イノベーショ

ンは，社会文化的モデルの本質的な変化を表すことになる。社会文化的モデルは，周期的に主要な変遷を経験する。それは経済の急速な変化，公共政策，芸術，人口統計，ライフスタイル，科学技術の大きな変化が引き起こすものである。そして現在において支配的な社会文化的モデルの範囲内で生じるイノベーションは漸進的なものであり，まったく新しい社会文化的なパラダイムを創る場合には，急進的イノベーションとなる。

　新しい意味を生み出す，源泉とは何に当たるのか。ベルガンディによれば，意味のイノベーションを起こすために見直すべきポイントは，①「市場のずれ」，②「コモディティ化」，③「新技術の機会」，④「自社分析の欠如」の4点である。社会文化的パラダイムからの意味のイノベーションという点で，①の人々における認識のズレが重要である。現在進行している第4次産業革命において，人々の生活に変化が生じてきており，潜在的欲望を見極め新たな認識に導く必要がある。また急速な技術革新の進展で，③の技術の置き換えでない，新技術のまだ知られていない潜在能力を導き出さねばならない。

　この認識のズレが引き起こすのが，違和感であり，そこに何かを見出そうとする「知」の在り方が，境界の「知」としての「境界知」である。この違和感の正体を「なぜ」という問いかけから見極めることから，新しい「知」としての意味のイノベーションを創出できることになる。これは内から外への内発的なプロセスにおいて新しい意味を見つけ出すことであり，外から内へという現在主流のクリエイティブな問題解決としてのソリューションとは異なるものである。

　デザイン・ディスコースにおいて，解釈者たちの持つ多様な知識における差異の中から，物事の見方における新たな発見が生じる。この新たな知識が境界知であり，境界知を発見または創造し，この境界をブリッジするのがバウンダリー（境界）・ビジョンである。このバウンダリー・ビジョンが知識創造の源泉となる。

# 6 ユネスコの「創造都市」のネットワーク化

　現在，芸術・文化を育む場としての「創造都市」をネットワーク化する試みが行われている。ユネスコがプロデューサーを務める創造都市のネットワークである。このネットワークは，創造的・文化的な産業の育成，強化によって，都市の活性化を目指す世界の各都市に対し，文化の多様性の保護を重視しているユネスコが，国際的な連携・相互交流を支援するものである。グローバル化の進展により，固有文化の消失が危惧される中で，文化の多様性を保護するとともに，世界各地の文化産業が潜在的に有しているさまざまな可能性を，都市間の戦略的な連携によって，最大限に発揮させるための枠組みで，ユネスコが平成16年（2004年）に創設した。デザインをはじめ，文学，映画，音楽，クラフト＆フォークアート，メディアアート，食文化の7分野がある。

　この背景には，世界貿易機構WTO体制のもとで映画やテレビ番組，雑誌までが貿易自由化の対象となり，経済的な影響力の強い巨大文化産業による市場の席巻が文化的多様性を損なうという欧州各国の強い危機感があったとされる。

　ネットワークへ加入した都市は，文化産業を育成するために，経験やノウハウを互いに共有し，発展途上国の都市を支援する計画に加わることが求められ，また，登録の条件として，文化産業の集積や人材養成機関の充実などのほかに，創造都市の実現に向けた常設の推進団体の活動や，特に公共セクターと民間セクター，市民セクターの連携を重視していることが特徴的である。

　ユネスコの試みは，既存のネットワークをさらにネットワーク化するものである。またネットワークをさらに多岐化させて，サブネットワークを構築することも考えている。それらは都市の多様性をベースとしているが，まだ試行段階である。現在，参加都市は増加しており，それぞれが参加意識を高めて維持する努力をする必要が生じている。デザインでは，国際フォーラムが各国で開催されている。ユネスコが示す今後の方向性としては，継続的に地域の持つ潜

在的な文化力を高め，多様性を維持しながら，異なる学問分野が互いにつなぎ合って，協力関係を築くように発展させることを考えている。

# 7　創造都市へのリーダーシップ

　工業化社会では，多くの企業がピラミッド型の組織を形成していた。これはライン生産などの定型的作業を行うには，効率的な組織形態であった。そこではトップダウンで統率型のリーダーシップが求められた。しかしこの組織形態では階層が多くなり，また組織は拡大してしだいに意思疎通がうまくいかなくなっていく。90年代より情報化社会となり，組織はフラットな形態に変化していく。このフラットな組織形態では，コーディネートする調整役が必要となる。これが調整型のリーダーシップであるが，調整には時間がかかり，総花的な結論となりがちであり，混沌とした時代にスピードをもって新しいことをやっていくには不都合となっていった。そして21世紀となり，この混沌とした時代には創造的でプロジェクトタイプの事業が増え，ネットワーク型組織が適するようになる。ここでは創発的リーダーシップが求められ，現在は事業構想力を持つプロデューサータイプのリーダーが必要とされている。

　情報技術の目覚ましい発展を受け，知識経済は進化しつつあるが，現在世界的に新たな産業としてクリエイティブ産業が脚光を浴びている。その中でもデザインは他の多くの産業と連関しており，デザイン産業の発展は他分野への経済波及効果が大きい。それゆえに先進国や先進都市の多くが，デザイン産業振興のためのデザイン・クラスターの構築を戦略的に遂行している。そして地域の文化資本に根ざした独自のデザイン文化を発展させることに努力が注がれている。しかしよりデザインを創造的にしていくためには，他の国・地域との文化交流が必要となる。自国のクリエイティブ産業の高度化のためには，世界各地の多様性から多くを学ぶ必要がある。ユネスコの「創造都市のネットワーク」は多くの可能性を秘めており，特にアジア諸国からの参加も増加しており，日本では2008年には神戸市と名古屋市，2019年に旭川市が新たにデザイ

ン分野で参加登録した。これは困難をともなうグローバルなネットワーク化の促進につながり，デザイン・クラスターの高度化へ寄与するものである。そしてこれからは同じような視点を持つアジア諸国において，デザイン・クラスターを高度化するために相互交流と結びつきを強めていく必要がある。

**参考文献**

アターバック他（2008）『デザイン・インスパイアード・イノベーション』ファーストプレス。

ジェイコブズ・ジェーン（1986）『都市の経済学　発展と衰退のダイナミクス』（中村達也・谷口文子訳）TBS ブリタニカ。

ベルガンディ・ロベルト（2012）『デザイン・ドリブン・イノベーション』同友館。

ポーター・マイケル（2018）『競争戦略論Ⅰ・Ⅱ』ダイヤモンド社。

ランドリー・チャールズ（2003）『創造的都市』（後藤和子監訳）日本評論社。

（安田武彦）

---

## 第9章

# 文化・芸術と消費

---

## 1 豊かさを実現させる文化・芸術の消費

### （1）文化・芸術の必要性

　文化・芸術と経済活動に関するウィリアム・ボウモルとウィリアム・ボウエンの研究によれば，文化・芸術は衰退産業に位置するという側面も指摘できる。なぜなら，理屈の上では，文化・芸術全般のように専門性，職人性，時間，場所に制限がある産業は供給が限定されているために，需要の増加に応じて価格が上昇していく傾向にあり，それが消費を制約することになるからである。一方，自動車産業のように労働を標準化し，機械を導入することで労働生産性を高めることが可能な場合はコストダウンによる販売価格の引き下げが可能となる。ボウモルとボウエンは舞台芸術のチケット価格が高騰していく現実を，生産性の面から説明しようとした。一般的にボウモルのコスト病と呼ばれるものである。この考え方にしたがうならば，文化・芸術を消費しにくくなるかもしれない。ただし，それにも関わらず人々は生活の中で文化・芸術を求め続けている。また，いわゆる衣食住のような生活必需品というわけでもないが，自身の日常生活を豊かにし，精神的な充足を得るために重要なものとみなしている。

### （2）文化・芸術の消費と経済学

　文化・芸術は多くの人にとって趣味的で贅沢な消費活動であるという側面が

あるかもしれない。しかし，複製技術の進歩，情報技術の革新によって，文化・芸術の大衆化が進み，より日常的な世界に接近してきたと考えることができる。このような変化は文化・芸術作品の売買に限らず，日常に存在する取引の中に文化・芸術的な感性が入り込んでいるというようにも理解できる。文化・芸術に関する研究の中心は美をテーマにするものであるが，大衆化は，それが経済分析の対象となる可能性を広げることになる。

### （3）日常という消費の舞台

　文化・芸術の消費は，日常生活においての個人的な充実感だけでなく，社会との関係性の中においても豊かさを実現する手段となる。現代に生きる人々にとって文化・芸術は，自らの日常生活を形作る要素の一つである。

　日常とは，人々の営みの舞台である。その特徴は社会的に構築されるということである。また現代においては，文化・芸術があらゆる場所に存在し，日常の中に入り込んでいる。

　社会学者であるピーター・バーガーとトーマス・ルックマンは日常生活の世界は社会の人々の思考や行動によって生成される世界であり，人々の思考や行動によって現実的なものとして維持されている世界であるとしている。つまり，日常とは人々の行動の産物であり，人々同士の相互関係により作り出された共同的な活動だと理解できる。一見変化がないように日常は繰り返されるが，実は変化を繰り返し前進している。現代の消費者にとってこの変化の一部を構成しているのが，物質的あるいは精神的な豊かさの実現であると捉えることができる。つまり，人々は豊かさを実現させる過程の中に文化・芸術の消費を組み込んでいるのである。

## 2　日用品としての文化・芸術

### （1）日常を形作る文化・芸術

　文化・芸術の鑑賞を考えた場合，どのようなことがイメージされるだろう

か。例えば，美術館で絵画を見ることや，コンサートホールでオーケストラを聴くことが思い浮かぶ。文化・芸術の消費を考える場合，まずはこのような受動的な鑑賞を想定することが多い。しかし，人々はただ鑑賞して終わるわけではない。そこには，単にその瞬間を体験したという狭義の経験ではなく，感情の動きや内省なども含まれている。つまり，文化・芸術の経験とは，単に享受するだけではなく，自分の中に何らかの蓄積を行い，精神的な豊かさを実現させる行為なのである。そのような意味で捉えるならば，文化・芸術は自らの生活を豊かにする手だてであり，生活世界を形作っていく行為だと捉えることができる。このような考え方は，各種の民藝品などにも見て取れるように過去から存在していた。過去の時代から，生活の中に文化・芸術的なものを取り込み人間性のある豊かな生活を取り戻そうとする試みがなされてきたのである。しかし，人々は身近にあるはずの文化・芸術を日常の中ではなく，外にあるものとして捉えている側面がある。これは，文化・芸術が日常の中に存在するような身近なレベルを超える表現であり，高尚で難解なものとして理解されているためである。また，誰もが容易にできることではない特別な才能による産物だという考え方も社会の中にあると思われる。このような特別な存在も文化・芸術の重要な側面ではあるが，文化・芸術が大衆化しているという背景を考えれば，日常生活の中にそれらを求めるという捉え方も必要である。特別な文化・芸術が存在している一方で，現代においてはさまざまなものに美的な感性を見出すようになってきている側面もある。そして，生活の中に自然と文化・芸術的な品が，すでに初めからそこにあったかのように入り込んでいることもある。したがって，消費社会における文化・芸術を理解するためには，日常的な世界における文化・芸術を考える必要がある。

## （2）日用品に囲まれた世界

　日常生活の中で人々は，その中に存在するさまざまな道具を自らの問題解決のために使用したり，他者とのコミュニケーションツールとして活用したりする。これらの日用品は，普段は意識することもなく日常の風景に溶け込んでい

る。特に意識もされず当たり前のように存在している日常の中の事物が，人々の生活空間を構成しているのである。つまり，人間の暮らしは日用品との関わりや相互作用の産物として現れているのである。

　このような相互作用による日常世界の構築は，日用品だけで起こるわけではない。例えば，文化的な要素が人々の消費行動やライフスタイルに影響を与えることについて18世紀のフランスの思想家ドゥニ・ディドロの故事がある。ドゥニ・ディドロは，友人から送られたガウンの所有をきっかけに書斎の調度品などをことごとく取り替えていった。ガウンのエレガントなトーンに書斎の雑然としたトーンが合わなかったため，このようなことが結果的に起きたという。つまり，ある文化的な一貫性をもって消費を行うということが示されたのである。

　カナダの文化人類学者グラント・マクラッケンによれば，消費財は，なんらかの共通性もしくは統一によってリンクされるという。ある一つの道具が文化カテゴリーを形成し，それに伴って生活様式が一変することがある。つまり，文化・芸術が日常の中にある場合，それが人々の生活を作り上げ，変化させるということである。

## （3）民藝品

　日常生活の中で人々はさまざまなモノに囲まれており，モノを使用することで日常生活を構築していく。そこには日用品だけでなく，文化・芸術的な要素を含んだ品も存在している。日常生活の中で文化的であるとみなされているものについて検討するために，日本における民藝について考えてみよう。柳宗悦らが主導した民藝は，日常生活の中での文化・芸術の消費に歴史的な素地があることを示してくれる。

　民藝とは，民俗藝術の略字とも解され，農家の副業として広まった木彫手工芸である農民美術とも混同されるが，民藝が持つ意味合いから考えると，民衆的工藝だと理解できる。民衆の工藝である民藝品には，一般の民衆の生活に必要な調度である衣服，家具，食器，文房具などが該当する。つまり，生活必需

品として活用されるような，安価で普段使いできる品物のことである。しかし，あらゆる安価な日用品を民藝品と呼ぶわけではない。それは，用途を考えた実用的なものであり，質への吟味や，無理のない手法，親切な仕事によって生み出されたものである。人々が民藝と認めるものは，日常生活の中で役立つものであり，使い勝手が良く，使ってみて頼りになるもの，共にくらしてみて落ち着くもの，使えば使うほど親しみが出るもののことである。そして民藝の特色は，自然なもの，素直なもの，簡素なもの，丈夫なもの，安全なものである。

　民藝品は，人々の日常生活になくてはならないものであり，生活を構成する主要な要素である。日常生活を構築している民藝品は，人々の生活全体に美をもたらすためのものであり，誠実で美的な日用品が増えれば増えるほど，人々の生活は豊かなものになっていくと理解できる。そしてそれは，日常生活の中に当たり前のように文化・芸術が存在しているような世界観を説明している。

## （4）アーツ・アンド・クラフツ運動

　日常の中の美の発見について，民藝運動にも大きな影響を与えた海外の動向にアーツ・アンド・クラフツ運動がある。アーツ・アンド・クラフツ運動は，近代産業社会の産業主義や商業主義の流れに逆らって，人間的な手仕事の再興と芸術により生活世界の豊かさを取り戻そうという試みであった。19世紀を代表するイギリスの芸術家であり，社会運動家であるウィリアム・モリスは，産業革命以後の工業社会における装飾芸術の意味と役割を捉え直した。ウィリアム・モリスの思想は文化・芸術的な営みを，有閑階級や特権階級から解放し，社会一般，あるいは労働する人々にも享受してもらい，豊かな生活を実現させることが重要だというものである。この思想は，いわゆるアーティストではない社会一般の人々が日常生活の中で美的な日用品を生み出し，使用することが生活の豊かさにつながり，社会全体の豊かさを実現させるということである。そこでは，アーティストと職人，または芸術創造と生産労働とが未分離であり，人々は日々の労働に創造の喜びを感じることになる。これは民衆による

芸術であり，民衆による仕事である。このような思想が，アーツ・アンド・クラフツ運動の根底にあった。当時のイギリスの工場の労働環境からウィリアム・モリスは技術の進歩が必ずしも人々を豊かな方向へ導くわけではないという考えに至ったと言われている。技術革新が進み，生産性が上昇することで工場としての機能が進歩したとしても，搾取的な労働環境からは豊かな生活は生まれないのである。反対に，健全な労働環境は豊かな生活を実現する可能性がある。資本主義経済に対する反発的な意思表明であり，社会を改善したいという活動がアーツ・アンド・クラフツ運動である。

# 3 文化・芸術の捉え方

## （1）文化・芸術の所在

　文化・芸術とは何かという問いは，哲学や美学の中で常に議論されてきた。しかし，そのどれもが時代の流れの中で現れる新しい文化・芸術の概念に対応できなくなる。なぜなら文化・芸術は常に変化するものであり，時代ごとの意味や，捉えられ方が違うからである。捉えどころのなさもまた文化・芸術の特徴なのである。また，現代では，捉えどころのなさはさらに顕著である。例えば情報技術の革新は，文化・芸術の素材や表現する媒体などを拡張させている。それにともない人々が文化・芸術と認識する対象も広がっている。そのような社会の中で，人々はどのようにして文化・芸術と向き合っているのか。人々は，媒体や定義のすべてを理解しているわけではないが，それが文化・芸術であることは理解している。つまり人々は，自分自身にとっての文化・芸術を自らの中で確立して認識しているのである。そこで，本節では消費社会における文化・芸術の姿について，身近で素朴な視点から明らかにしていく。

## （2）感覚的な視点と文化・芸術

　消費者が文化・芸術をどのように捉えているか，という問いに対して，感覚的に捉えているのではないかという見方がある。文化・芸術作品には歴史的な

背景や，作者の意図が存在しているはずだが，鑑賞者がそれをすべて理解した上で作品と向き合っているかどうかはわからない。そして，多くの場合，完全な情報を持っているというわけでもないだろう。しかし，人々は文化・芸術を楽しんでいる。なぜなら，個人の主観的な捉え方で作品を鑑賞することができるからである。芸術が個人の趣味判断によって捉えられるという観点について，西洋の芸術史を研究する小田部胤久はカントの『判断力批判』を解釈し，いかなる場合に芸術は美しくありうるかということを問題としているのではないか，という問いを投げかけた。この問いに関して小田部は，カントの考える芸術作品の特質は，技術として意識されつつも，自然とみなされなくてはならないということであると示している。この，いかなる時に芸術であるかという問いは，現代にも続くものである。なぜなら，芸術が多様な姿で存在し，芸術であると自明視されていないものにまで拡張した場合，その対象をなぜ人々が芸術とみなすことができるのか，ということに対する率直な疑問になるからである。この時，考えられる可能性の一つが人々の主観的な判断である。一方で，他者の意見やその場の状況，さまざまな文脈から判断することもある。カントが『判断力批判』において，趣味という概念を積極的に意味づけしたが，この言葉について，美と芸術の研究者である利光功は美の判定能力による判断のことであり，論理的ではなく直感的であるというようにまとめた。これらの言葉に従うならば，趣味判断を構成する要素の一部は個人の主観的な判断だと解釈することができる。これらのことからわかる，芸術が主観的であり，直感的であるという捉え方は，現代の人々にとって文化・芸術の率直な認識方法である。

　一般的に文化・芸術に対する個人の理解を趣味と説明することに違和感を感じることはないだろう。しかし，この理解が文化・芸術をどのように感じるかということを個別の感覚でしかなく，捉えどころがないものだというようにさせてしまう。

## （3）文化・芸術の捉え方に影響を与えるもの

　文化・芸術作品の額縁の評価が，時にはその作品それ自体の美的な価値を無視して作品の評価にすり替わることがある。作品の外的なもの，付随的なものを意味するパレルゴンの議論である。現代においてはフランスの哲学者であるジャック・デリダがこの芸術作品の付随的なものについて解釈している。デリダは，作品の何が本質的であり，何が付随的なものなのか，そして固有でもなく非固有でもないものとは何なのか。例えば額縁とはどのようなもので，それはどこで始まり，どこで終わるのか。そして，その内部的境界あるいは外部的境界はどこなのかということを問いかけている。この問いかけは，作品と額縁の関係のような内と外という区切りを不明瞭にさせる。そして，作品につけられたタイトルやミュージアムに展示されているという事実，さらに他者や第三者からの評価など，作品を取り巻く部分がいかに作品の見方に影響を与えているかという問題に対して考える余地を与えてくれる。デリダによる論考は，作品の周縁が価値に影響を与えるという考え方を提示している。

## （4）創造性の発露としての文化・芸術

　文化・芸術を表現媒体で分類するならば，絵画，音楽，文学，彫刻，映画，演劇などさまざまな形が存在する。これらに共通する特徴は有形，無形にかかわらず，何か認識できるものとして表現されているということである。カイヨワは芸術を，人間が意図的に創造し，作り出した美であり，それを自分自身によって実現させた作品であると述べた。

　現代における文化・芸術の意味あるいは，なぜアーティストは作品を生み出すのかという問いに対して示すことができる一つの回答は内面性や創造性の発露だということである。この何かを創作したいという欲求は誰しもが持つものである。そして，それがさまざまな表現媒体によって現れてくる。技術の発展にともない，民藝に見られるような手仕事の世界だけではなく，工業製品のように生み出される文化・芸術作品もある。そして，情報技術の革新はデジタル作品を生み出し，公開の場もヴァーチャル化させ，ますます文化・芸術のあり

方を拡張させた。

## （5）経験としての文化・芸術

　20世紀前半に活躍したアメリカの哲学者であるジョン・デューイによれば，文化・芸術作品は人間経験から離れてそれ自身が独立して存在する建築物・書物・絵画・彫刻などとみなされることがあるという。たしかに，文化・芸術作品はミュージアムなどに展示される特別な存在でもあるため，日常的な世界から切り離されたものになっている場合もある。しかしその一方で，人々は日常に存在するさまざまなものに文化・芸術的な価値を見出す。このようにデューイは文化・芸術を日常の中にある美的経験であるとした。

　美的経験は，一般的に文化・芸術とはみなされていない無数のことがらから発見できるため，文化・芸術の捉え方を複雑にさせるかもしれない。しかし，文化・芸術が一種の経験財であり，経験価値であるということを考えるならばその捉え方には意味があるといえる。人々は，さまざまなものに美的感覚を見出し，日常的な経験の中で文化・芸術を感じている。このような把握の仕方は，文化・芸術が有する性質として重要な要素である。

## （6）行為としての文化・芸術

　文化・芸術の捉え方が多様になった現代においては，変化していく様子を楽しむ作品もあれば，創作する過程自体を鑑賞する作品もある。このような作品には，アメリカの文芸・美術批評家ハロルド・ローゼンバーグが提唱したアクション・ペインティングという概念の出現が影響していると考えられる。この概念は，アーティストの作品創造の行為に重点を置くものである。ローゼンバーグによれば，アーティストにとってのキャンバスとは，行為する場であり，そこで起きるべきものは絵ではなく事件なのである。アクション・ペインティングにおける行為としての芸術，過程としての芸術は，伝統的なアートの世界に新しい概念をもたらした。しかし現代においては，鑑賞者が参加することで初めて完成させるといった，協働をコンセプトとした作品も見られる。そ

の意味でも行為としての文化・芸術は現代の人々が求める作品のスタイルの一つとして理解することができる。

## （7）複製技術と文化・芸術

　文化・芸術には，唯一性，一回性といった性質がある。その意味で捉えるならば，複製技術を活用して生み出された作品は唯一性が失われたかのように見えるため，文化・芸術的な価値があるとみなすことが困難であるかもしれない。しかし，複製技術は文化・芸術の唯一性，オリジナリティを本当の意味で喪失させるのだろうか。例えば，ビデオやコンピュータなどを道具や媒体として作品を生み出した場合，それは文化・芸術と呼べないのだろうか。デジタル技術が進歩した現代においてNFT（Non-Fungible Token）アートのようなデジタルアート作品はブロックチェーン技術が活用されているため，唯一性は担保されているかもしれない。

　例えばミュージアムショップには，複製版画がアートグッズとして販売されている。ギャラリーを開廊し，日本のアーティストを支援する小山登美夫は，この複製技術と文化・芸術の唯一性，一回性の問題について，印刷されたイメージも，アーティストの中から何か描きたいという純粋な欲求として生まれてきたものであり，オリジナルな作品であるとみなすことができると指摘している。これは，複製技術によって多数生産された作品の普及版であり，1人でも多くの人に，文化・芸術を普及させていく手段の一つであると述べている。

　これらの議論は複製技術が文化・芸術の価値を失墜させるものではないという視点であり，捉え方の変化だと解釈することができる。複製技術は作品の素材，媒体として機能する可能性がある。キャンバスは工業製品である布であり，複製できる素材である。その意味において，複製できる工業製品を作品の素材として利用すること自体は従来の文化・芸術の枠を大きく逸脱するものではない。この観点から言えば，唯一性，一回性は一種の属性であると捉えることができる。唯一性は文化・芸術において重要であるが，大衆化の流れの中では，複製や大量生産も，多くの人が日常的に文化・芸術を消費するための手段

と捉えることができる。

## （8）関係性と文化・芸術

　アメリカの哲学者であり，芸術，美学の研究者でもあるネルソン・グッドマンは，いつ芸術が芸術足り得るか，という問題について言及している。つまり，文化・芸術と思われているものが文化・芸術作品として認識されているのはいかなる時かということである。これは，文化・芸術それ自体が有している文化・芸術らしさのことではなく，文化・芸術の捉え方が，状況や文脈によって規定されているという視点である。つまり，芸術らしさが額縁やミュージアムに展示されているという事実によって変化するということにもつながる考え方である。その意味で捉えるならば，文化・芸術作品それ自体ではない要素が文化・芸術らしさを形成するために必要だと解釈することができる。これを別の視点から捉えるならば，作品が芸術的だと認識されるためには，鑑賞者の存在も関わってくるということになる。現代においては，観客との関係性や，作品を生み出す社会的な文脈を通じて成立するリレーショナル・アートという概念も存在していることも踏まえると，人々との相互作用などから文化・芸術の価値が形成されているという考え方も検討しなくてはならない。

## **4**　消費社会と文化・芸術

　文化・芸術は絵画や彫刻のように有形のものであっても，クラシック音楽のように無形のものであっても，そこから得られるものは経験のように無形であるとも理解できる。そのような意味で考えた場合，文化・芸術はサービスと類似した性質を有していると考えられる。そこで，文化・芸術とサービスの親和性を考慮しながら，その特徴的な要素を整理しておく。

## （1）サービスとの接点

　一般的にサービスの主要な特質として，無形性，不可分性，変動性，消滅性

の４つをあげることができる。サービスは基本的に無形のものである。また，サービスの生産は消費者の時間的，物理的な参加が必要になる。自身がそのサービスを体験しないことには価値が判断できないこともあり，事前評価が困難である。そして，生産されたと同時に消滅してしまう。またサービスは，中核的な価値の源泉が行為やパフォーマンスのような無形のものに依存していることもあるため在庫として保有することが不可能である。

　マーケティングの視点から文化活動を研究する川又啓子はこのようなサービスの特性を踏まえながら芸術を捉えている。芸術はサービスと同様に無形性が特徴で，実際に体験してみなければそのものを評価することが困難である。そして，サービスの提供者であるアーティストや芸術組織とサービスの受け手であるオーディエンスの相互作用によってサービスの品質が変化するため，消費者とのコミュニケーションが重要課題であると述べている。したがって，文化・芸術はサービスの性質と親和性があると考えられる。

　サービスとして文化・芸術を捉えた場合，経験財としての側面について考慮する必要があるだろう。文化・芸術の価値として考えられるものはさまざまであるが，歴史を語るものとしての価値や，その時代の世界観や社会背景などを追体験することも価値である。そして，作品自体を鑑賞し，体感することで得られる情緒的な価値がある。作品の世界観を他者と共有し，共感しあうことで得られる価値もあるだろう。また，文化・芸術のような創造的な活動に関わることで，何かを習得したり，上達したり，知識が深まっていくことにつながる場合，それも豊かな経験だと考えられる。

## （２）文化・芸術消費の対角線

　大量生産，大量消費の時代は，生産者やマーケターが市場の主導権を手にしており，顧客は受動的に購買を続けさせられる存在だとみなされていた。その後，POSシステムが開発されたことによって，消費者の購買に関する情報がチャネル側に集まるようになり，支配力が生産者やマーケターからチャネル側へ移行した。そして現代は，情報が生産者や流通企業から一方的に発信される

ものではなくなり，インタラクティブなものへと変化した。この変化の流れによって，インタラクティブなコミュニケーションを必要とする顧客主導型の市場では，消費者に市場の主導権が移動することになる。

　文化・芸術においても，一般的な製品・サービスと類似した部分があると考えられる。文化・芸術作品を生み出すのは基本的にはアーティストである。文化・芸術の価値とはアーティストが生み出すものであり，消費者は作品を受動的に鑑賞し，享受する存在であった。一方で，文化・芸術作品は投資の対象として扱われる側面もある。このことにより，作品の美的な価値と金銭的な価値が接近し，流通段階にある画商などが，文化・芸術市場において重要な役割を果たすようになった。現代においても作品が投資の対象として扱われており，数億円の値がつくこともあるため，画商の役割がまったく必要なくなった訳ではない。しかし画商は，アーティストが社会に出るための窓口としての役割や，アーティストを育成するような存在として創造的な役割を果たす側面が強くなった。そして現在，文化・芸術市場において，消費者の存在が大きなものになっていると考えられる。情報技術の発展などを背景に文化・芸術との接点が増え，人々は，あらゆるものに美的な感性を見出すことができるようになった。また，生産者と消費者の区別があやふやになった現代において文化・芸術の価値はアーティストが規定するだけではなく，鑑賞者が参加することで発見されるようにもなった。アーティストと鑑賞者が双方向的なコミュニケーションを行うようになり，人々の参加によって初めて完成するようなテーマ性を持った作品も存在するようになった。また，消費者の立場としても能動的に作品の完成に参加したいという欲求があり，従来の文化・芸術に対する姿勢が変わったといえる。

**参考文献**

イマヌエル・カント，宇都宮芳明訳（1994）『判断力批判』以文社。

ヴァルター・ベンヤミン，佐々木基一編集解説（1999）『複製技術時代の芸術』晶文社。

小田部胤久（2009）『西洋美学史』東京大学出版会。

川又啓子（2004）「アートとマーケティング：Marketing as Communication（Arts and Marketing：Marketing as Communication）」『Booklet』Vol.11, pp.73-82, 慶應義塾大学。

小山登美夫（2009）『小山登美夫の何もしないプロデュース術』東洋経済新報社。

デザイン史フォーラム編（2004）『アーツ・アンド・クラフツと日本』思文閣出版。

利光　功（2003）『美と芸術のフェイズ』勁草書房。

松本竜一（2018）「共創されるアートの消費」『商学研究』第 34 号，pp.45-67，日本大学商学部。

柳　宗悦（1984）『民藝四十年』岩波書店。

Baumol, William and William G. Bowen. (1966) *Performing Arts and the Economic Dilemma*. The MIT Press. 池上　惇・渡辺守章訳（1994）『舞台芸術　芸術と経済のジレンマ』芸団協出版部。

Berger, Peter L. and Luckmann Thomas. (1966) *The Social Construction of Reality*. Anchor. 山口節郎訳（2003）『現実の社会的構成』新曜社。

Caillois, Roger. (1962) *Esthétique généralisée*. Gallimard. 山口三夫訳（1972）『自然と美学』法政大学出版局。

Derida Jacques. (1978) *La vérité en peinture*. Paris: Flammarion. 阿部宏慈訳（1997, 1998）『絵画における真理上下』法政大学出版局。

Dewey, John. (1934) *Art as experience*. Perigee Trade. 栗田　修訳（2010）『経験としての芸術』晃洋書房。

Goodman, Nelson. (1978) *Ways of Worldmaking*. Hackett Pub Co Inc. 菅野盾樹訳（1987）『世界制作の方法』みすず書房。

Rosenberg, Harold. (1970) *Act and the Actor: Making the Self*. New York: New American Library. 平野幸仁・度會好一訳（1973）『行為と行為者』晶文社。

（松本竜一）

―――第10章―――
# ブリコラージュする消費者

## 1 能動的な消費者の諸相

### （1）消費者を探求する意義

　社会の成熟化が進み，生活が多様化することで，人々のライフスタイルも変化している。そのような社会の中で人々はより精神的な豊かさを求めるようになってきている。消費者は自身のライフスタイルの豊かさを実現させるため，あるいは，自らの生活に個性がなくなり，自身のアイデンティティが喪失していくということを避けるために，個別的な要因に基づいた，より感性的な消費を追求すると考えられる。その消費対象として重要なのが，文化・芸術である。

　文化・芸術によって満たすことができる感覚は特別なものである。文化・芸術は，創造的であり，多様であり，異質であり，新しい体験や，既成概念を超えるような感覚を提示してくれる。それは，日常生活において個人的な充実感だけでなく，社会との関係性の中においても豊かさを実現させる。そのため，多くの人が豊かな人間生活を享受できるようにするために，文化・芸術を広く社会に届けるための仕組みを検討することが求められる。したがって，消費経済学において豊かな人間生活を目指すための消費の対象として文化・芸術を検討することが必要である。そして，その消費者の探求も研究対象として重要である。

## （2）文化・芸術の消費者とは

　現代の消費者は能動的な主体として行動する。製品そのものに元から与えられている機能に満足することなく，今の自分にとって必要な要素を創造的に補いながら新たな意味を作り出し消費していく。それは，文化・芸術の消費においても同様だと考えられる。能動的な消費者は，自らの生活を豊かにし精神的な充足を追求するために，他者と協働する。そして，社会参加への欲求を満たそうとする。

　消費者行動をポストモダンアプローチの手法を用いて研究するクレイグ・トンプソンによれば，このような消費者は，ブリコラージュという行為を通じて，新たなアイデンティティを構築するのだという。また，ポストモダンの消費研究者であるフアット・フィラットは，このような現代社会の変化の中に生活している消費者は，生産と消費という思考を捨て，それらを明確に区別していないという。そして，常にパフォーマーとして振る舞い，何らかの主体性や意味を生み出し，実践するために経験を消費しているという。つまり，現代の消費者にとっての価値とは有形の財を蓄積したり，それらを市場で交換したりする行為からだけ創出されるものではなく，自分なりに意味を解釈することからも創出されるものだということである。これらの指摘を踏まえた場合，創造的で能動的な消費者を捉えることが，より現代的な消費社会を明らかにするために必要だと考えられる。そして，文化・芸術産業を検討するためにもこのような消費者像を想定することが求められる。そこで，本章では能動的な消費者像を明らかにするために，プロシューマーや生活者といった概念について説明していく。

# 2　プロシューマー

## （1）プロシューマーとは

　プロシューマーとは『第三の波』で有名なアルビン・トフラーが提示した概念で，プロデューサーとコンシューマーから作られた造語であり，生産消費者

と呼ぶことができる。プロシューマーは，販売や交換のためではなく，自分で
使うために財やサービスを作り出す人のことである。

## （2）第三の波

　トフラーのプロシューマー概念を理解するためには，3 つの波について振り
返る必要がある。まず見ていくのは，第一の波以前の時代についてである。こ
の時代の人々は小さなグループで放浪生活を送っていた。人々は採集，狩猟，
漁労などを行い食糧を獲得していた。ほとんどの人々が自ら生産し，それを自
ら消費していた。このような生活は農業革命の始まりによって変化していく。
農業を開始するためには，村や集落，農耕地が必要になる。したがって，人々
は放浪しながらの自然採集生活から，定住生活へと生活様式を変えていくので
ある。これが 1 万年ほど前に起きた第一の波と捉えることができる。第一の波
の経済では，多くの人にとって生産活動は自分で消費するために行われるもの
であった。売りに出したり，交換するために生産活動を行う場合もあったが，
その割合は極めて小さいものであった。第一の波の時代では，今日的な意味で
の生産者や消費者ではないかもしれないが，生産と消費が結びついていたと考
えられる。

　次に第二の波である。産業革命が第二の波を引き起こし，農業文明とはまっ
たく異なる文明を作り出した。今までのような自給自足の社会に代わって，多
くのものが売買や物々交換を目的に生産され，提供されるようになった。自分
たちで生産し，自分たちで消費することがなくなり，自分以外の人が生産した
モノやサービスに依存して生活するようになった。つまり，生産と消費という
2 つの機能が分離することになったのである。この第二の波では，多くの事物
に規格化が適用されていった。また，一方で専門化や分業化が推し進められ
た。時間が金に換算され，仕事が時間で計られるようになった。つまり，多く
の労働者が同じ勤務時間の原則に従うようになったのである。第二の波が支配
的になると，日常的な活動でさえ，産業社会のシステムに組み込まれ，起床か
ら朝食，就業時間，帰宅時間すらも同じようなリズムになる。このような同時

化も第二の波の原則となる。第二の波では，あらゆるものに集中化が発生した。この時代はエネルギーの集中化が進み，石油，石炭，天然ガスといった限られたエネルギー源の上に成り立っている社会である。また，エネルギーだけではなく，人間も地方から都市圏へ移動し，同じ工場に集まって労働した。子供も学校に集められ教育を受けることになった。資本の集中化は巨大企業を生み出した。このように，エネルギー源，人口分布，労働形態，教育，経済組織といったあらゆるものが集中化した。これらは極大化，中央集権化も同時に進行させた。このような第二の波の原則は，市場の役割を拡大させ，生産者と消費者を分離させた。

　そして，第三の波である。これは，情報技術の革新によって推し進められるものである。トフラーによれば，コンピュータは新しい理論，概念，イデオロギー，芸術，技術的進歩，経済，政治などに革新をもたらす。第三の波の情報体系は，人間同士の伝達手段や機械相互の情報交換を可能にする。これらの情報体系と技術体系の変化が第二の波型の大量生産方式を変化させ，大量生産と少量生産が共存する方式に移行させる。また，このような時代の変化は，家庭生活に変革を迫る。第三の波は，労働規模の縮小を奨励し，生産の都市集中化を排し分散化させる。第二の波によって人々の労働環境は工場やオフィスに集中したが，これを家庭の中に戻そうとする力が働く。第一の波では，人々は畑作業をする農民であった。第二の波では，人々は仕事や食糧を得るため，都会の工場へ集中した。第三の波では，新しい技術革新によって家内工業への回帰がもたらされるのである。これらの議論は 1980 年頃に検討されたものだが，現代の状況を予見しているものだと捉えることができる。

## （3）プロシューマーの出現

　第一の波の時代は，自ら生産し自ら消費する素朴な意味での生産消費者の時代であった。産業革命以降，生産と消費が分離し交換のための産業社会が到来した。そして，情報技術の進歩によって生じた新たな変化は，生産者と消費者の境界線をあやふやにさせた。つまり，生産し消費する人々の存在が改めて重

要な存在となってきているのである。

　プロシューマーの存在は，当時の DIY 市場の中に見出すことができる。トフラーによれば，DIY の普及には，大工や鉛管工の質の低下や，余暇時間の増加，生産性の向上にともなうオートメーション化が困難な部門の価格の上昇が関係しているという。つまり，企業によって生産された製品が割高であると感じるような場合，自分で消費するものは自分で生産した方が効率的になるというのである。

　トフラーが提示した未来予測は，コンピュータ技術の発展が想定されている。消費者はこの情報技術の進歩がもたらす恩恵によって，企業と相互的なコミュニケーションが可能になるため，製品に関する情報交換だけではなく，その製品の製造にまで積極的な関与を可能にさせる。この第三の波における生産消費者は，第一の波の時代とは異なり，高度な技術の恩恵を受けているため，容易にクオリティの高い生産活動が可能となる。それは，自分自身のために行う生産においても，企業との協働においても，より高度な活動を可能にさせる。消費者が生産活動に深く関わり，それが日常生活に定着していくならば，生産と消費の区別がより不鮮明になる。それにともなって市場の機能やライフスタイルは変化していくだろう。したがって，第三の波の文明における生活様式は，第二の波にくらべて，より創造的なものになる。

　プロシューマーは，生産者と消費者が結合するということを当時の社会状況から読み取り，予期したものであるが，さまざまな技術革新などを経た現代の方が，自ら生産者として振る舞う準備が整っている。その意味で，改めて現代における生産消費者とは何かということを再考することが重要な意味を持つといえる。

# 3　生活者概念

## （1）生活者とは
　能動的な消費者を捉えるためには，生活者という概念についても同様に見て

おかなければならない。物質的に豊かになった消費者にとっては，精神的な満足感を手に入れてこそ生活の豊かさの実現なのである。これは，大量生産，大量消費がもたらす合理化と規格化の弊害である非人間的な社会からの脱却であり，人間的な暮らしを志向するものである。生活者とは，企業の立場からではなく，自分自身が人間的な豊かさを求め主体的な活動をする存在だと捉えることができる。生活者は，自らの生活を維持し，豊かにさせるために，消費，労働を行い，生活を再生産することを目的とする存在である。その意味ですべての人々が生活者だといえる。経済学者であり，文芸評論家である大熊信行は生活者について，生活の原点は家族であり，その素朴な活動という意味においては，子供を産み，育て，生活していくことの繰り返しであるとしている。したがって，生活者にとっての消費と生産の結合は，生命の再生産のために何か商品を購入し，自らの生活を作ることを意味している。

　生活者の概念は，生産者主体の論理からの脱却である。生産者主体の論理では，生産者の示したライフスタイルに従うことを余儀なくされる。しかし，社会の発展は，新しい技術をもたらし，企業は差別化の必要に迫られ，その結果，多様な商品が登場することになる。このような社会の変化は，生産者が主導していた時代から消費者が主導する時代に移り変わらせた。生活者という概念の大きな意味合いは，自らの生活を自ら構築していくということである。そして生産と消費の境界が曖昧になるということである。

## （2）生活者概念の意味

　生活者概念は，消費者が自らの生活を豊かな状態で維持するために能動的な態度をとることを示している。この概念も，生産と消費が一つになり，一種の表現と自己発見がなされているという現代社会の特徴を語るものになっている。

　トフラーによるプロシューマーの議論は，消費を捉える際に重要な概念となる。これらの指摘は，市場や消費といった概念の変化を捉えたものであり，この傾向は，トフラーが考察した時代よりも現代において，より顕著であると考

えられる。技術の発展や，消費者ニーズの多様化にともない，人々は以前より積極的にそして簡単に生産活動へ関与することができるようになっている。価値共創が重要な言葉として捉えられている現代において，プロシューマー概念や生活者概念を再考する事には大きな意味がある。

# 4　ブリコラージュする人々

## （1）ブリコラージュとは

　ブリコラージュとは，フランスの文化人類学者であるクロード・レヴィ＝ストロースが文化人類学において使用した言葉で，器用仕事や寄せ集め細工などと訳されている。その意味は，限られた持ち合わせの雑多な材料と道具を間に合わせで使用し，目下の状況で必要なものを作ることを指している。これは，設計図に従って計画的に作られたものではなく，本来の目的や用途とは無関係に集められた残りものや，偶然に与えられたものなどによって，それらの形や素材などのさまざまな差異を利用し，自分なりの方法でその時に必要なものを作ることである。ブリコラージュの語源とされるブリコレという動詞は，ボール遊びや，狩猟，馬術にあたる言葉であり，ボールが跳ね返るとか，犬が迷うとか，馬が障害物を避けて直線から逸れるというような偶発的な運動を思い起こさせるものである。

　現代においてブリコラージュは，日常的な自分なりの活動だけに適用される概念ではなく，文化・芸術分野でも用いられるようになっている。

## （2）ブリコルール

　ブリコルールとは，ブリコラージュする人のことである。専門家のことを示すのではなく，あり合わせの道具や材料を用いて自分の手でものを作る人のことを意味する。したがって，ブリコルールは専門的な知識を持っているわけではなく，訓練された技術を用いるわけでもない。目の前にある素材を用いることで，創造的に何かを生み出す存在である。

　ブリコルールと対比するものとして，エンジニアがある。エンジニアは，機能や用途が決められている部品を用いて設計図に即して計画的にものを作り出す存在である。つまり，設計図に基づいて材料や用具をあらかじめ準備し，手順どおりに作業を行うのである。

　これを文化・芸術の消費に当てはめるなら，与えられた方法で受動的に鑑賞するのがエンジニア的な消費であり，与えられた方法をそのまま受け入れず，自分なりの仕方で能動的に鑑賞することがブリコルール的な消費であると言い換えられる。

## （3）ブリコラージュの現代的な意義

　これら2つの概念について，ブリコラージュは未開社会の思考様式として，エンジニアは西欧近代の思考様式として見ることができる。しかし，プロシューマー概念からも見て取れるように，自分なりに生産し消費するという意味においては，むしろブリコラージュ概念は現代的な消費者の行動であると考えることができるだろう。

　現代の消費者は，その社会や文化からさまざまな要素を自ら組み合わせていく。例えば，自分なりに衣服をリメイクして着用するのはブリコルール的な消費として捉えることができる。あるいは，ライダースジャケットは現代においてバイク文化を体現するためだけの道具として機能している訳ではない。その造形的な特徴がファッションのアクセントとして用いられ，無骨さだけではなく洗練されたスタイルも表現できる。これもまた，すでにある素材を用いて別な意味や用途を生み出すブリコルールの消費の一種だと解釈できる。

　このように，現代の消費者は提案されたものをそのまま受け入れつつ，一方でそれらに反発するかのように，新しい消費のあり方を創出する。人々は生産者の意図によって設計された商品を，そのままで使用せず，自分自身の必要に応じてブリコラージュするのである。ブリコルールは専門的な知識や技術ではなく，想像力を駆使し，あり合わせの材料で新たなものを創造する。このブリコラージュという視点が現代の消費を捉えるキーワードの一つであると考える

ことができる。

## （4）文化・芸術の消費に対する含意

　文化・芸術作品を鑑賞するためには，文化・芸術に関する知識や情報を持っていることが重要だと考えられる。しかし，すべての鑑賞者がそのような準備をしているわけではない。そして，必ずしもその準備が必要だということでもないだろう。したがって，専門的ではない人々は，文化・芸術の鑑賞においてもアーティストや美術館の意図のままに作品を受け取らず，自分なりの解釈で意味を構築していると捉えることができる。

　文化・芸術に関する知識を学習することで，その消費を促す方法が考えられる。また，音声ガイドのように，知識をサポートすることで文化・芸術をより深く楽しめる仕掛けも存在する。しかし，ブリコルールは必ずしも専門性を活用して文化・芸術の消費を行うわけではない。教育や学習の成果として文化・芸術を受容する方法は，作者の意図や歴史観などを読み取ることによる正当な態度とみなすことができるかもしれない。一方で，作品自体が知識ではなく，感性にその解釈を委ねている場合もある。時間の流れを作品のモチーフや素材に使用した不可逆的な性質を持った現代アート作品は，消費者の参加や時間の経過によって完成する。つまり未完の状態で展示されており，経年変化やその都度変化する解釈が作品の価値や作家の特性に関わってくる場合，意味を付与することができるのは鑑賞者の役割となる。これは，素人なりの解釈で意味を構築していく，ブリコラージュ的な鑑賞と理解することもできる。文化・芸術の概念が拡張している現代においては一般的な製品・サービスの世界だけではなく，文化・芸術作品の鑑賞においても，ブリコルール的な思考が一定の意味を持つと捉えることができる。

# 5 リード・ユーザーのイノベーション

## （1）イノベーションの民主化

　ユーザー・イノベーション研究の創始者であるエリック・フォン・ヒッペルは，イノベーションの発生理論の観点から自らがその起点となりうるような振る舞いをする人々であるリード・ユーザーについて解説している。フォン・ヒッペルによれば，製品・サービスの作り手であるメーカーではなく，受け手であるユーザー自身のイノベーションを起こす能力と環境が向上している状態をイノベーションの民主化という。イノベーションが民主化している状況では，ユーザー自身が自らの求めるものを自身で作り出すことが可能になる。これはメーカー主導の従来型イノベーションとは異なったプロセスである。現在も，メーカー主導で製品開発は行われ，さまざまなリサーチに基づいて人々のニーズを満たすように努めている。しかし，その開発プロセスの中にユーザーの意見を取り入れたり，共同で開発することも一般化している。また，製品開発のアイデアがユーザー発信であることも少なくない。こうしたユーザーはリード・ユーザーとしての特徴を備えていると捉えることができる。

## （2）リード・ユーザー

　リード・ユーザーとは，ある市場において，大多数のユーザーに先行し，自らのニーズを充足させる解決策から相対的に高い効用を得る存在である。まだ市場に存在しないものがユーザーによって生じる場合がある。これはリード・ユーザーによって引き起こされている可能性がある。

　それでは，ユーザーはなぜ自分自身で製品を開発・改良しイノベーションを起こそうとするのか。その一つは，ユーザー自身が求めているものを市場の中で見つけることができない場合，自らの能力で開発することが可能であるならばイノベーションを起こすというものである。通常の製品開発のプロセスを考えた場合，メーカーが消費者をリサーチすることで人々のニーズに即した製

品・サービスが生まれると考えられる。しかし，メーカーはニーズがあるからといって製造に踏み切るというものでもない。メーカーの立場からすると，そのニーズが一定規模の市場として見込めない限り，製品開発を行うことができない。なぜなら，メーカーの規模にもよるが，生産性の問題を検討した時，少数であるようなニーズを実現させることは困難であり，利益の大きさに見合わない状況になる可能性があるからだ。また，ユーザーとメーカーとの間でニーズに対する解決策にずれが生じていることもある。メーカーは自社が有する資源を活用して製品を作りたいと考えているが，このようにして生まれた製品がユーザーにとっての最適解とならない場合もあるからだ。この時，ユーザーは自身の不足を解消するような最適な製品が市場にあるとは考えない。メーカーがこのような事情から，仮にニーズがあるとわかっていたとしても新製品を製造しないのであれば，ユーザーは自身で解決策を模索しなくてはならない。

　一方で，メーカーの都合上，新製品が生まれないから自ら作るということだけがイノベーションの原動力となっているわけではない。イノベーションのプロセスそれ自体が学びや喜び，あるいは技術の熟練や創作の達成感をもたらしてくれるため，生産すること自体が目的化している場合もある。また，人は同じような関心を持つ者同士でコミュニティを形成する傾向もあるため，開発のプロセス自体が一種のコミュニケーションのツールとして機能していることも考えられる。フォン・ヒッペルによるイノベーションの源泉の研究は，メーカーとユーザーの立場や関係性も重要であるが，人々が自分たちのために自ら何かを作り上げるという性質と関連性があるものだということを示唆している。この研究は，一種の生産し消費する人々を描き出すものだといえる。そして，自ら生産することの動機が，市場に求める製品・サービスが存在するか，それを自分自身で実現可能か，そしてそこから精神的な充足感が得られるか，他者との関係性を構築できるか，といった問題に関連するものであると理解することができる。

## （3）ユーザー・イノベーションの発生場所

　まだ市場にないようなものを新たに生み出すためには，開発に必要な情報とそれを生産するための技術的な問題が発生する。その際，イノベーションを起こすために必要な情報が利用可能であるかどうか，利用するためのコストはどれほどのものかということを検討しなくてはならない。つまり，イノベーションを発生させるにあたって必要とされる情報の移転コストや，その情報を理解し，操作できるかどうかがイノベーションの発生場所に影響を与えると考えられる。

　イノベーションは技術情報やニーズ情報の結合によって生じる。しかし，それらの情報は同じ場所にあるとは限らない。なぜなら，技術的な情報はメーカーが持っており，ニーズに関する情報は消費者が持っているからである。例えば，ユーザーは技術的な面で自ら何かを生み出すことは困難だが，メーカーにとってニーズ情報の理解が容易な場合，メーカーが新しい製品イノベーションを実現させる可能性は高い。メーカーがニーズ情報を理解することが困難な場合，市場にはユーザーの求めるものが現れない可能性がある。しかし，技術的な面でユーザー自らが生産可能な場合はユーザー側からイノベーションが発生するかもしれない。

## （4）リード・ユーザーの含意

　能動的な消費者は生産し，消費する存在でもある。文化・芸術活動における能動的な消費者は，芸術作品の解釈やアーティストと共に作品を完成させる存在として振る舞う。また一方で，作品の鑑賞だけでなく，自ら創作活動を行うかもしれない。過去においてはトフラーが指摘したように，DIY という形でその一端を見ることができた。現代においては，芸術・文化の概念はより多様化し，それと同時に大衆化したと捉えることができる。したがって，芸術・文化の創作活動はアーティストだけのものではなく，多くの一般の人にも開放されているとみなすことができる。例えば，カルチャースクールなどがそれに該当し，個人の創作活動の幅も広がり，身近になっている側面がある。

　イノベーションのプロセス自体を楽しむというリードユーザーの特徴は現代

の能動的な消費者の一面を描き出している。また，技術の進歩がそのような人々の活動を促進させるということも読み取ることができる。ユーザー自らが新しいものを生み出すという発想は，文化・芸術活動においても，興味深い示唆を与えてくれる。

# 6 越境する文化・芸術の消費者

## （1）文化・芸術の多様な解釈

　文化・芸術の概念が変化し，相互作用や文脈によって価値が決定されることを想定した場合，鑑賞者の解釈が作品に入り込む余地や，鑑賞者が共創のパートナーとして芸術組織に参加するという視点を考慮しなくてはならない。それは，専門家である文化・芸術組織と専門家ではない大衆が共に価値を生み出していくということである。したがって，専門家と専門家ではない人々との間に存在する境界を越えるという視座も文化・芸術の消費者を捉える方法となる。そこで，本節では，歴史や学術的に自明視されているような文化・芸術とそれと対立するような存在としてのサブカルチャーとの融合について示していく。

## （2）サブカルチャーの視点

　サブカルチャーとは，支配的な文化（メインカルチャー）に対する概念であり，メインに対するサブというように，副次的あるいは下位の文化として一般的に理解されている。また，マジョリティに対するマイノリティということを示したりもする。反体制的なカウンターカルチャー，アンダーグラウンドな文化，若者文化などを指すこともある。サブカルチャーの概念は時代とともに変化し，現代の日本においてはオタク文化もその一種として理解されることもある。このオタクという言葉も時代と共に変遷はあるが，現代におけるオタク文化は，SF，マンガ，アニメ，ゲーム，インターネットとの接点を強めている。

## （3）サブカルチャーと文化・芸術

　サブカルチャーと文化・芸術の親和性については，サブカルチャーを芸術作品のモチーフとして採用している代表的なアーティストに村上隆がいる。村上隆は，サブカルチャーであるマンガやアニメの表現を用いて作品を作り出し，それらを西洋美術史の中に位置付けた。村上隆は絵画だけでなく，アニメ的な表現を用いたフィギュアなども製作している。そして，鑑賞者もまた，マンガやアニメを優れた文化であると理解し，芸術的であると評価するようになってきている。例えばマンガやアニメ作品の原画などはミュージアムでも展示され，ハイカルチャーとサブカルチャーの境界も融合していると捉えることができる。

　オタク文化の一部を担うマンガ，アニメ，ゲームを含む日本的な文脈でのサブカルチャーは正当ではない文化であり，大衆文化だといえる。しかし，そのサブカルチャーがいわゆるハイカルチャーとしての文化・芸術作品のモチーフになり，鑑賞者も芸術性を見出している。さらに，芸術組織もミュージアムの展示物として採用している。その意味で解釈するならば，伝統的な文化・芸術というハイカルチャーと大衆文化であるサブカルチャーという二項対立は現代の人々にとってはあまり意味をなさないのかもしれない。

　アーティストと鑑賞者の両者は，サブカルチャー的想像力を用い，既存の価値観を超え，新たな価値を創出する存在だと捉えることができる。つまり，現代の消費社会における，能動的で創造的な新たな消費者の姿がこのような場面でも観察できるのである。

**参考文献**

大熊信行（1974）『生命再生産の理論—人間中心の思想（上）』東洋経済新報社。

小川　進（2000）『イノベーションの発生論理』千倉書房。

クレイグ J. トンプソン（2001）「とらえどころのないポストモダン消費者」『ハーバード・ビジネス・レビュー』6月号，pp.111-114。

辻　幸恵・梅村　修（2006）『アート・マーケティング』白桃書房。

村上　隆（2006）『芸術起業論』幻冬舎。

A. フアット・フィラット（2001）「ポストモダン消費者の価値創造プロセス」『ハーバード・ビジネス・レビュー』6 月号，pp.115-117。

Lévi -Strauss, Claude.（1962）*La pensée sauvage*, Paris: Plon. 大橋保夫訳（1976）『野生の思考』みすず書房。

Toffler, Alvin.（1980）*The third wave*. New York: W. Morrow & Co. 徳山二郎監修（1980）『第三の波』日本放送出版協会。

Von Hippel, Eric.（2005）*Democratizing Innovation*. Boston, MA: MIT Press. サイコム・インターナショナル監訳（2006）『民主化するイノベーションの時代』ファーストプレス。

（松本竜一）

---
### 第11章
# 環境問題と消費
---

## 1 環境問題の整理と経済学

### （1）環境問題の分類

　本章では私たちの社会の中で大きな関心を集めている環境問題を取り上げる。ここでは環境問題と経済活動の中で，とくに消費に関わる領域に焦点を当て環境にやさしい消費とは何かについてできるだけ具体的に示すようにしたい。簡単に環境問題を整理することから始め，基本的な経済学の道具を紹介する。次に具体的な問題を取り上げながら，環境問題と消費活動について経済学の視点から考察してみたい。最後に消費活動のあるべき姿について考えてみる。

　一般に環境問題は経済活動によって生じる大気汚染や水質汚濁などの問題と，ある資源の減少や枯渇という問題に分けられるが，ここでは簡単化のために環境問題と記すことにする。

　まずは環境問題を地理的な視点から大雑把に３つに分けて話を進めるようにしよう。第１の分類は環境問題を世界的な視点から捉える見方である。世界的な問題の一例が地球温暖化問題である。この問題と消費の関係など詳細については次節で述べることにする。一般に世界的な問題は，その問題そのものが明確に認識されるのに相当な時間を必要とする場合が多いという特徴がある。認識されるのに時間を必要とするので，その後の対策にも迅速な対応がとれず，多国間の調整などに手間取ると事態を悪化させてしまう可能性がある。温暖化

問題はまさに典型的な例といえる。

　第2は一国または複数の国に関係する問題である。複数の国にまたがる大気
や河川の汚染などの問題が考えられ，事業者を経由する部分が多いが消費活動
とまったく無関係ではない。一国または数カ国にまたがる環境問題は世界的な
問題と同様に，問題に対する認識が甘くなってしまい対策も遅れがちになる傾
向がある。

　第3は局地的な問題である。局地的な環境問題は消費や消費活動にとって大
変身近なものであり，問題によっては生活者の生命に関わるようなこともあり
得る。具体的には，工場排煙や排水による公害問題があげられ，排煙や排水が
原因で深刻な健康被害が生じる。消費者の視点からは緊急性があり，深刻な問
題である。ここでは視点を若干変えて，消費者が発生源となっている問題に焦
点を当てる。それは家庭から発生するごみ問題である。当然であるが消費者も
環境を悪化させる主体の一つである。ごみ問題への解決の糸口は消費者自身の
行動にも応分の負担が求められることを認識する必要がある。詳細については
後ほど説明する。

## （2）環境クズネッツ曲線

　環境問題と経済活動との間にはどのような関係があると考えることができる
のか。一般に知られているのが環境クズネッツ仮説であり，これを図示したも
のが環境クズネッツ曲線と呼ばれている。

　図11-1が環境クズネッツ曲線であり，縦軸は環境汚染の水準，横軸は所
得水準をそれぞれ示している。ここでは所得水準の上昇と経済成長という用語
を区別しないで用いるようにする。環境汚染の水準については，例えば水質や
大気汚染など種々の数値を平均し，その改善や悪化を所得水準と関連づけてい
る。

　この仮説は所得水準が低い段階では環境汚染が進んでもそれを受け入れて所
得の上昇を優先し，所得水準がある水準に到達すると社会が経済から環境保護
に転換する点，すなわち転換点を迎える。さらに所得水準が高くなると，環境

図11－1　環境クズネッツ曲線

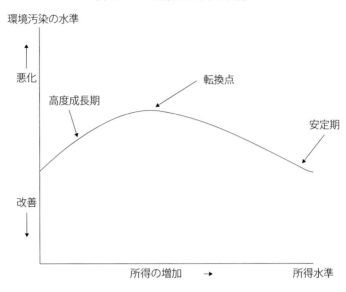

に対する意識が高まり環境汚染の水準を低下させようとする。つまり所得水準
の上昇にともなって生活の質を重視することになることを示している。

　この仮説にしたがうと，一国レベルでみた環境汚染と経済成長の関係は初期
においては経済成長によってある程度の環境汚染は進んでしまうが，経済成長
が順調に行われるとその結果として環境汚染も改善する方向に向けられること
を示している。確かに過去の私たちの経験を振り返ると，高度成長期は成長優
先で所得は上昇したが，一方で環境汚染が進んでいた。環境の悪化は社会の中
で公害病など注目を集める問題になり，環境を考慮しない成長の限界が意識さ
れ始め，それを契機として社会の中で環境への意識が高まりをみせた。実際
に，私たちの身近なところにある河川・湖沼または海の水質や健康被害をもた
らすような大気汚染や騒音など，生活環境の悪化要因は所得の上昇の過程で改
善されている。このように環境クズネッツ仮説という考え方は正当化され，環
境と経済活動の両立という可能性がみえてくる。

　しかし，クズネッツ仮説について指摘しなければならない重要な問題も存在

する。一つの問題は，所得の上昇とともに一度環境が悪化すると，一部の環境に関する要因は改善する方向へ進行するとは限らない可能性がある。例えば，生物多様性に関して過去に存在していた生物が絶滅したケースが一例としてあげられる。残念ながら，常にクズネッツ仮説の関係は成立せずに，所得の上昇が続いても一度失われた環境は元に戻ることはない。また，クズネッツ仮説が結果的に成立するとしても，そのために多大な費用や時間を必要とするケースも重要な問題として認識しておかなければならない。以上の問題を考慮すると，私たちの中で単純な形でクズネッツ仮説をあらゆる事象に当てはめるのには慎重な議論が必要であることがわかる。

## （3）環境財と市場取引

　ここでは環境について経済学の基本的な手法を用いて簡単に説明する。あらためて考えてみると，私たちは自然環境からさまざまな便益を受け取っていることを認識する。具体的には，きれいな空気や景色，川や海に親しむことである。これらは多くの場合，無料でその便益を享受できている。一方で自然環境は放っておくことで保たれるわけではない。例えば，経済活動による温室効果ガスの影響を抑制させるためにさまざまな対策が行われ，費用が発生していることを忘れてはならない。

　大気や景色など自然環境を一つの財として捉え，ここではこれを環境財と呼ぶようにする。一般にこれらの環境財は多数の人が同時に消費することができ，また無料で消費することもできるという性質を持っている。多数の人が同時に消費できる性質は消費における非競合性と呼ばれ，また無料で消費できる性質は消費における非排除性と呼ばれている。そしてこの2つの性質を有する財は環境財だけでなく私たちの身近なところに存在し，例えば公的に提供されている国防・一般道路，テレビ・ラジオなどの電波などである。消費における非競合性と非排除性を有する財を経済学では公共財という用語で，競合性と排除性を有する財を私的財とそれぞれ分類している。つまり環境財は公共財の中の一つの財として位置づけられる。私たちが現在直面しているさまざまな環境

問題に関する関心は，環境財という限りある資源の望ましい使用について高い優先度を持って考えなければならないことを意味している。

　環境財の望ましい使用量について検討する。ここでは需要・供給曲線をこの問題に応用して説明する。まずは環境財の需要・供給曲線（図11－2）が存在すると仮定して話を進める。

　私たちは環境からあらゆる便益を受け，その便益をもし金銭的に評価してその評価に見合うだけの支払いをするとしたら多くの人はどのような判断をするのか。必要不可欠な財，例えば生きるために必要な酸素や日光に高い費用を支払い，その後に余裕に応じて奢侈的な景観などに支払いをするであろう。このように考えると環境財に対する社会全体の需要曲線を右下がりに描くことができる。ここで図の縦軸は便益と費用，横軸は環境財の量であり，とくに横軸はこの社会に存在している環境財の全体量を表している。

　次に社会全体の環境財に対する費用の負担について考える。人々の環境の利用が小さいとその保全のための費用もわずかなもので賄うことができるが，環

図11－2　環境財の取引市場

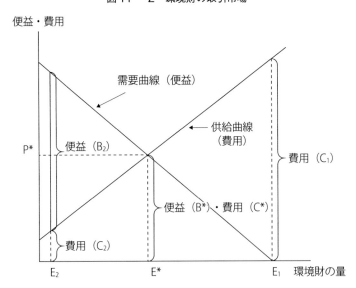

境への負荷が増すほどそれに対応するための費用が必要になると想像できる。社会全体が負担する費用の水準は，縦軸を価格，横軸を環境財の量として描くと右上がりに描くことができる。

　まず環境財の量に着目し，図11-2のE₁の状況について説明する。E₁はこの社会に存在している環境財がすべて需要されていることを示し，そこで得られている便益はゼロに等しいことがわかる。一方でこのとき社会全体で費用（C₁）の負担が発生しており，明らかに便益に比べて費用が超過している。つまり環境財に対する超過需要が発生している。通常の市場であれば，ある財に対する超過需要は価格メカニズムに従って徐々に解消される。

　環境財の取引量が図11-2のE₂である状況について説明する。E₂は使用される環境財の量がE₁に比べ明らかに少ない。社会全体は環境から得られる便益（B₂）を得ており，それに対して費用（C₂）の支払いをしている。B₂からC₂を差し引いた残りが純便益である。図11-2では純便益を点線（…）の長さで示している。図からわかるとおり，E₂から環境財と取引量が増加するにつれて徐々に点線の長さが短くなる。つまり環境財の使用が増えるにしたがって，徐々に便益と費用の差が小さくなり，最終的にはE*で便益と費用が一致する。

　この社会にとって環境財のどのような利用水準が望ましいのか検討する。ここで環境財をE₁まで使用する選択は便益を環境から最大限受け取るが，一方で大きな費用をともなっていることに注意する。便益を上回る費用が生じている領域E*からE₂においては常にマイナスの純便益が発生している。E*よりも環境財の使用を増加させることによって，E₁からE*で得たプラスの純便益が減少している。E*を上回る環境財の使用は望ましくなく，環境財の利用を減少させることで社会全体の純便益を増加させられる。同様に，環境財の利用がE₁からE*の状況であればE*の水準に財の利用を促すことで社会全体の純便益を増加させることができる。つまりE*は社会全体の純便益を最も大きくする環境財の利用水準である。

　しかし残念なことに環境財について，一般には市場の取引によってE*とい

う状態が達せられることはない。なぜならば，すでに述べたように環境財は多くが公共財としての性質を持っており，無料で消費できるような財が多数存在している。つまり売買に適しない財が多く存在し，そのため現実の社会では市場が成立しづらいというのが実情であり，そのために環境汚染が過度に進んでしまう傾向がある。

　それを防ぐ一つの取り組みが排出権取引市場の公的機関による創設である。二酸化炭素排出量を削減するための一つの取り組みが，二酸化炭素を排出する権利を売買する排出権取引市場である。その市場では消費者も取引に参加することが可能である。具体的には消費者団体が排出権取引に参加して排出権を取得して環境を守る行動をとることも考えられる。いずれにしてもこの市場において具体的な環境財が取引され，価格（$P^*$）と取引量（$E^*$）が決定される。もちろん，そこでの価格と取引量は社会全体にとって他の水準に比べると経済学的には望ましいものであるといえる。

　次節では具体的な環境問題の中からとくに多くの人々の関心を集めている地球温暖化を取り上げて，地球温暖化問題の基礎的な知識を整理しながらこの問題と消費活動の関わり方について考えることにする。

# 2　地球温暖化と消費活動

## （1）地球温暖化問題

　気候変動に関する政府間パネル（Intergovernmental Panel on Climate Change: IPCC）は 1988 年に設立された政府間組織であり，2021 年 8 月現在，195 カ国と地域が参加している。IPCC の主な役割は，各国政府に対して気候変動に関する政策に科学的な基礎を与えることである。簡単に IPCC の活動とその成果を過去の報告書に基づいて振り返っておきたい。IPCC はこれまでに第 1 次報告（1990 年）に始まり，第 6 次報告（2021 ～ 2023 年）まで行われている。

　ここでは環境と経済の関係をよりイメージしやすくするために，IPCC の報告書において用いられている「人間活動」あるいは「人間の影響」という表現

を経済活動という言葉に置き換えて話を進めるようにしよう。IPCC は，人間活動が及ぼす温暖化への影響に対する評価について，第 1 次報告では温室効果ガスと気候変動シナリオを示してその可能性を指摘している。約 20 年後の第 6 次報告では，該当する評価について人間の影響が温暖化を進めてきたことには疑う余地がないと確信的な表現に変化している。ごく短期間で国際的な機関が人間の活動と気候などの地球環境について大きく評価を変化させたことは，それだけこの問題が地球規模の拡がりを有しかつ緊急性がある問題であるとの認識を持たざるを得ない。

　国連による取り組みとしては，IPCC 設立の 4 年後，1992 年に地球サミットとして知られる「国連持続可能な開発会議（リオ＋20）」がブラジルのリオデジャネイロで開催され，そこでは気候変動枠組条約や生物多様性条約などが署名された。その中でもとくに気候変動枠組条約に関する検討は 1995 年以降も継続して行われ，1997 年に第 3 回締約国会議（COP3）が日本で開催されたさいには，有名な京都議定書が採択された。京都議定書では先進国に対する温室効果ガスの排出量の上限設定，国際的な取引や協力または支援を通じての温暖化ガス削減の取り組みが導入された。

　しかし京都議定書では残念なことに，人口や経済規模でも無視できない中国やインドなどの途上国の温暖化ガス削減についての目標が示されず，議論が後の会議に引き継がれた。2015 年に第 21 回締約国会議（COP21）が開催されパリ協定が採択され，ここでは途上国も含めた気候変動枠組条約に加盟するすべての国が産業革命前から気温上昇を 2 度未満に抑制し，1.5 度に収まるよう努力するという具体的な目標が決められた。

　2021 年には第 26 回締約国会議（COP26）が英国のグラスゴーで開催され，今世紀半ばのカーボンニュートラルおよび 2030 年に向けての野心的な気候変動対策を締約国に求めることを採択した。カーボンニュートラルとは，温室効果ガスについて排出量から吸収量と除去量を差し引いた合計をゼロにすることである。

　温室効果ガスの排出は，排出源に分けてみると大きく産業と消費の 2 つに

分けられる。その割合は一般に産業からの排出が大きいが，消費者が直接関わる部分も決して無視できる程度のものではない。あくまでも日本のみのデータであるが，日本は2020年に「2050年カーボンニュートラル」を目指すという宣言を行っている。2020年現在，わが国の温室効果ガス排出量は11億5,000万トン（$CO_2$換算）で，森林等吸収源による吸収量は4,450万トンである。カーボンニュートラルという目標がいかに野心的なものであるのか明らかである。ちなみに家庭部門に注目すると，2020年の温室効果ガス排出量11億5,000万トンの21パーセントが同部門によって占められている。2010年と比較すると，2010年は温室効果ガス排出量12億5,800万トンとこの10年間で約1億トンの排出削減が達成されているに過ぎない。家計部門では割合が14パーセントであり，この10年間に十分な温室効果ガス排出削減が行われてこなかった可能性が考えられる。気候変動という地球規模の課題の解決に向けて，日本は，「2050年カーボンニュートラル，脱炭素社会の実現」（2050年までに温室効果ガスの排出を全体としてゼロにすること）を目指している。そのための取り組みが「ゼロカーボンアクション30」である。政府は脱炭素社会の実現に向けて，消費者がライフスタイルの変換を日常生活のさまざまな場面で意識するよう訴えている。

このように地球温暖化に対する消費者の態度は，通常の経済モデルで想定されるような単に受け身な姿勢ではない。温暖化を含めた環境問題を論じるとき，従来の経済モデルにはない消費者または消費活動の主体的な側面がより注目される。

## （2）消費のリバウンド効果

前節で見たように，国連や政府機関などさまざまな啓蒙活動もあり，以前に比べると多くの消費者が環境を意識し，環境に好ましい製品を無理のない範囲で生活の中に取り入れようとしているようである。温暖化ガス削減に関して考えると，無駄な消費を減らすことによって，結果的に流通および生産過程で発生する温暖化ガス削減を達成しようとする工夫がそれぞれの現場で行われてい

る。企業側の取り組みの一例をあげると，製品やサービスを供給する際に環境性能や環境への配慮を外に向けて積極的にアピールしている一部の生産やサービスの存在であり，これを裏付けるのが環境ラベル（エコラベル）である。社会全体が環境を意識し，財・サービスの生産，流通，消費，破棄に至るまであらゆる時点で環境への配慮が叫ばれている。ここでは身近な例を取り上げて温暖化ガス削減と消費活動について経済学の道具を使いながら考えてみよう。

　消費者は環境を意識した消費や環境にやさしい消費とは何かを，それぞれに工夫をしながら日常生活を営んでいる。具体的には，自宅にある電化製品を買い換えるときに，買い換えを検討する製品の価格や基本的な機能や性能をチェックすることに加えて，消費電力量や二酸化炭素排出量など環境性能を気遣うことがある。経済状況によっては政府や自治体が環境に配慮した製品の普及と需要喚起策に併せる形で一定の環境性能を満たすエアコン，冷蔵庫，液晶テレビなどの購入に補助をすることもある。消費者が環境性能に優れた製品を購入する行動そのものは汚染物質を減少させる効果が期待できる。しかし一方で環境性能に優れた製品を購入し使用することで，以前よりも汚染物質の排出量が増加してしまう可能性があり得る。これが消費におけるリバウンド効果である。消費におけるリバウンド効果は，先に示したようにエアコン，冷蔵庫などに対する需要行動の変化から読み解くことができる。具体的にこれらの製品に対する環境意識の高まりと需要の変化，環境を意識しつつも環境性能の高まりによってその意識が低下するメカニズムについて需要・供給曲線を用いて考えてみよう。

　図11-3はある製品に対する需要曲線 dd と供給曲線 ss を描いている。初期時点ではこの製品の価格と取引量はそれぞれ価格 p，取引量 q であり，市場の均衡点 e で示されている。今，この社会で人々の環境意識が高まるような変化が生じたとしよう。このような環境意識の高まりが一部の製品の需要を減らす方向で作用することはあり得ることであろう。環境意識の高まりによる需要の変化は，需要曲線 dd から需要曲線 d'd' へのシフトとして表せる。環境意識の高まりを要因とした需要の減少は，この製品の価格 p を価格 p' に低下させ，

図11－3　リバウンド効果

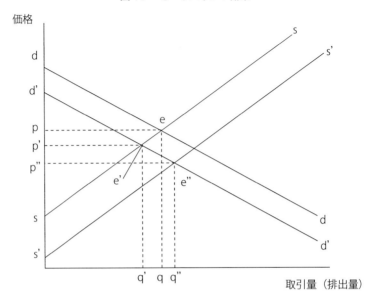

同時に取引量をqからq'へ減少させる。取引量が減少しているので，結果として この製品を所有し使用することから発生する環境への負荷は軽減していると考えられる。この時点ではリバウンド効果はなく市場の均衡点はe'によって示される。

　一方で生産者サイドにおいても環境に配慮した製品の開発・販売が行われてくる。これは供給曲線ssから供給曲線s's'によって表されている。供給曲線のシフトは製品の価格をp'からp"に低下させ，価格下落が需要増加を招く。同時に取引量をq'からq"へ増加させる。均衡点はe"になり，図から明らかなように以前に比べると環境負荷が増加していることがわかる。これがリバウンド効果のメカニズムである。

　本来の目的が環境に対する負荷の抑制であることを考慮すれば，消費者には図11－3において取引量（汚染量）がqを超えない範囲で消費するための仕組みが求められる。その仕組みは市場におけるさまざまな規制やインセンティ

ブの付与などがあり得る。

## （3）情報と消費者—逆選択と消費行動—

　リバウンド効果は消費者が結果的にではあるが，環境にとって好ましくない行動をとる現象が生じてしまうことがあり得ることを説明している。ここでは消費者の環境に対する意識があっても財についての情報が十分ではないために，消費者が結果として好ましくない選択を行ってしまうケースを説明する。経済学では通常，市場で取引されている財やサービスに関する価格や品質などの情報が市場の参加者の間で違いがないことを想定している。この想定が満たされず，市場の参加者の間で情報の格差が存在する場合，これを情報の非対称性と呼んでいる。ある市場において市場参加者間で情報の非対称性が存在し，さらにそれによって好ましい財・サービスが市場から淘汰され，望ましくない財・サービスが存続してしまうことを逆選択と呼んでいる。逆選択の考え方を消費活動の問題に当てはめて考えてみよう。

　例として家電製品などの工業生産物の市場を想定することにしよう。図11－4の縦軸には価格 p，横軸には取引量 q を描いている。生産者については通常の右上がりの供給曲線 ss を想定する。ただしここでこの家電製品は環境に配慮して生産することができるという性質を持つと仮定しよう。環境に配慮するために，費用は高まり供給曲線は右上がりとなる。生産者は供給する財に対して品質や価格などすべての情報を持っていると仮定する。

　一方で消費者は環境に配慮した家電製品を購入したい意思はあるが，家電製品の環境への配慮を実際に購入する際に判断する術がないと仮定しよう。消費者の需要曲線は価格が高い水準では通常の右下がりの傾きを持つが，価格がある水準になると環境への配慮が十分なされていない方法で生産されているとの疑念が生じ価格の低下によって需要が減少する。つまり価格が一定水準よりも低い範囲で需要曲線が右上がりになると仮定する。

　消費者の需要曲線 dd は情報の非対称性を考慮すると，図11－4に描かれているように価格が一定水準よりも低い領域で通常の需要曲線とは異なる傾き

図11-4　逆選択と消費行動

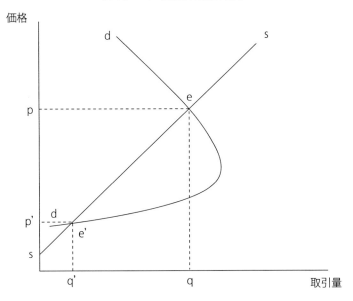

を示している。価格が一定水準よりも低い領域では，先ほど述べたように需要
曲線は価格が低下するにつれて需要も減少する。その原因は，価格の低下が消
費者に製品の質の低下と同義に写ってしまうことにある。価格の低下が製品の
質の低下を意味し，消費者はそのため需要を減少させてしまう。問題は製品の
質に関する情報が消費者に伝わっていないことにある。

　根本の原因は市場の非対称性の存在であるので，問題解決の糸口は非対称性
を少しでも緩和する方策を探ることにある。生産者サイドからは前節で述べた
エコラベルの普及などをあげることができる。このような認証制度は環境配慮
型製品が市場から排除されることを防ぐための一つの方法であり，逆選択を防
止する効果が期待できる。さらに消費者サイドからは消費者団体または個人に
よる製品性能のチェックと情報公開・発信が考えられる。あらかじめ環境に好
ましい財・サービスであることがわかっている場合は，公的機関による市場に
適した特定の財・サービスの購入に向けた補助制度の創設なども有効な方策と

いえる。

# 3　ごみ問題

## （1）消費者とごみ問題

　経済活動を行うと，多くの場合で付随してごみが発生する。生産の現場でも，消費の場においても，ごみの発生は避けることができないであろう。大量生産・消費を基本にした生活様式の進展やプラスチック製品や有害物質を含んだごみの増加とその物理的な性質によって，とくにごみ処理の問題は社会の中で無視できない深刻なものとなっている。現代の生活様式そのものを急激に変化させることは容易なことではないであろう。一方で可能な範囲内で消費者はごみの排出量を減少させることで社会に貢献する余地もある。ここで，ごみの排出を減少させるような仕組みとは何かを日本の例を取り上げながら考えてみたい。

　現在，わが国ではごみ（廃棄物）は法律によって大きく一般廃棄物と産業廃棄物に分類されている。一般廃棄物はさらに，ごみ（家庭系ごみ・事業系ごみ），し尿，特別管理一般廃棄物に分類されており，その処理は市町村に処理責任がある。ここでは消費者にとって身近な家庭系ごみを念頭において話を展開することにする。

　環境省の資料によると（環境省 HP「一般廃棄物処理有料化の手引き」2022 年，URL：https://www.env.go.jp/recycle/waste/tool_gwd3r/ps/psR403.pdf），2019 年 3 月現在で約 6 割を上回る自治体が家庭系ごみの有料化を実施しているとのことである。料金体系は，ごみの排出量に関係なく一定金額を徴収する定額制と，排出量に応じて料金を徴収する従量制が用いられている。

　自治体による無料化と有料化の違いを単純に整理しておこう。家庭系ごみの無料化を実施している場合は，その費用を税金の中から賄うことになっている。これに対して有料化を実施している自治体は定額制でも従量制でも費用の負担者を納税者から排出者へ変更しているとみなすことができる。もしも従量

制を採用すれば個々のごみの排出者は多く排出すればするほど，より多くの費用を負担しなければならない。つまり従量制にはごみの排出を減少させるインセンティブ（誘因）が存在する仕組みがあることになる。

　実際の仕組みは，例えば自治体がごみ袋を何種類か従量別に用意して，これを各自治体内にあるスーパー，コンビニ，ホームセンターなどの店舗で販売する方法などが採用されている。消費者はごみを排出する量に応じてごみ袋を購入してゴミ出しを行うので，排出量と消費者自身が負担するコストを直接認識することになる。当然コストが高ければ，ごみの排出をできる限り減少させようとするであろう。その結果，その自治体におけるごみの排出量が管理され減少することが期待されることになる。

　ここでは有料化されているごみのコストについて消費者の視点で見てきたが，自治体が行うごみの処理の費用も考える必要がある。次には自治体と消費者の視点を併せる形でごみ処理の望ましい価格と量について検討する。

## （2）限界便益と限界費用─ごみ問題への応用─

　家庭から排出されるごみ処理の好ましい価格について考えてみる。ごみ処理のサービスを提供する自治体と消費者の行動を念頭に経済学の道具を用いて検討する。図11－5には横軸にごみの量，縦軸に限界便益と限界費用がとられている。まずはこれらの線について説明する。

　ここで自治体は消費者に対して家庭ごみの回収や処理，廃棄などのごみ処理サービスを提供する。消費者は消費活動を行い，ごみを排出すると想定する。消費者の限界便益を考える。ごみの量が少ない場合は消費者のごみ排出に要する手間（分別など）が不要であり，このためごみ1単位あたり限界便益は高くなる。逆にごみの量が増えると，消費者のごみ排出のための費用が高まり，消費者のごみ1単位あたりの限界便益は低くなると考えられる。図11－5で描くと，ごみの量に対する消費者の1単位あたりの限界便益は右下がりの関係で描けることを示している。

　次に限界費用について説明する。消費者がごみの排出1単位を増加させるこ

図11−5　ごみ処理の経済分析

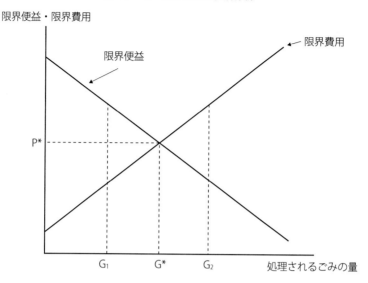

限界便益・限界費用

限界便益

限界費用

P*

G₁　G*　G₂

処理されるごみの量

とを考える。ごみの量が少ない状況を想定すると，ごみの排出1単位を増加さ
せたときに新たに必要となる追加的な費用の負担はそれほど多くないと考えら
れる。ごみの排出量が増えるにしたがって消費者が負担する追加的な費用の負
担，すなわち限界費用はごみの分別や日常におけるごみ減量のためのさまざま
な試みなどで増加していく。図11−5で描くと，ごみの量に対する消費者の
1単位あたりの限界費用は右上がりの関係で描けることを示している。

　ごみの好ましい価格について限界便益と限界費用を用いて考えてみよう。ご
みの量が少ない状況，例えばごみの排出水準が図11−5のG₁とする。この
とき消費者が得る限界便益は限界費用を上回ることになる。消費者はごみの分
別などの手間を負担し，自治体が提供するごみ処理のサービスを負担してもゴ
ミの排出量を増加させる選択をするだろう。ごみ処理のサービスは，例えばご
み回収の頻度や回収方法などである。消費者から見るとごみの排出量増加にと
もなう限界便益の減少があっても，限界便益が限界費用を上回る限りごみの排
出は増加し続ける。

　ごみの量が多い状況，例えばごみの排出水準が図 11 − 5 の $G_2$ とすると，このとき消費者が得る限界便益は限界費用を下回ることになる。消費者はごみの分別に加えてごみ袋の購入など追加的な費用を負担して，一方で自治体が提供するごみ処理のサービスの限界費用に直面している。排出量増加にともなう過度なごみの排出が行われており，限界便益が限界費用を下回るのでごみの排出を減少させることが好ましいことがわかる。

　上記の状況において，ごみ処理のサービスの好ましい量をもたらすにはどうすれば良いのか。図 11 − 5 に示されているように，ごみ処理の価格を限界便益と限界費用が等しい水準 $p^*$ にすることで達成されることがわかる。この価格付けを行うことにより限界便益と限界費用が等しい水準のごみの排出と処理が達成される。そこでは社会的に望ましいごみの排出の処理が行われることになる。もしこの価格を無視して，これ以外の価格付けが行われると，過度なごみ処理のサービスの提供（限界便益＞限界費用），または過度な環境破壊（限界便益＜限界費用）を招くことになる。ごみ処理の適正な価格については各自治体の事情に合わせながら有料化といった市場化の手段がある。当然であるが消費者に対しては，それらの枠組みを尊重し行動することが求められている。

**参考文献**

環境省（2021）『環境白書　令和 3 年版』。
環境省（2023）『環境白書　令和 5 年版』。

（宮阪雅幸）

## 第12章

# 消費のグローバル化と為替レート

## 1 海外取引と消費

### (1) 国際収支表

　経済のグローバル化が進行していると言われている。一般にグローバル化という表現は一国の財の貿易だけでなく，財やサービスまたはさまざまな制度を含めた双方向の経済的な繋がりの深化を指していると理解されている。グローバル化の影響を受け，私たちの消費活動も決してその影響と無関係ではいられない。本章ではできるだけ最近の注目すべき具体的ないくつかのトピックを取り上げて，グローバル化と消費を経済学の基本的な理論と結び付けながら見ていく。

　まずは一国経済と海外経済との関係について基本的な事項を整理しておこう。一国経済と海外経済との取引関係はあらかじめ決められたルール（IMF：国際通貨基金が策定）によって記録され，その結果が公表されている。日々のニュースなどで貿易に関する統計データを耳にすることがあると思われるが，これは公表されている統計の一部を取り上げたものである。全体を捉えた統計が国際収支統計と呼ばれ，一国と海外経済との取引関係を一定期間，体系的に記録したものである。

　国際収支について次の式が成り立つことが知られている。

　　経常収支＋資本移転収支－金融収支＝0　　　　　（12－1）式

表 12 − 1　国際収支表

| |
|---|
| [1] 経常収支<br>　①貿易・サービス収支<br>　　貿易収支，サービス収支<br>　②第一次所得収支<br>　③第二次所得収支 |
| [2] 資本移転等収支 |
| [3] 金融収支<br>　①直接投資<br>　②証券投資<br>　③金融派生商品<br>　④その他投資<br>　⑤外貨準備 |

　国際収支に関する基本的な用語を取り上げながら，この式が意味することを後ほど説明することにする。

　貿易・サービス収支は外国との財やサービスの取引であり，輸出と輸入をそれぞれ記録してその差額を求める。輸出はプラス，輸入はマイナスと計算され，輸出が輸入を上回れば収支はプラスと計算される。例えば，ある年に貿易・サービス収支が 1,000 億円のプラス（黒字）であったと公表される。国による違いもあるが消費者の所得の上昇や消費のグローバル化によって，貿易・サービス収支が赤字化する，または黒字の規模が縮小する傾向が指摘される。この貿易・サービス収支はさらに貿易収支とサービス収支に分けられており，例えば人々の移動が盛んになるなどモノからサービスへ経済活動の中心が移りつつある中でサービスの取引活動への注目度が高まっている。貿易収支もサービス収支も，いずれも国際収支表の中でとくに消費活動に深く関わる項目である。

　第一次所得収支は海外から得られた利子や配当などの投資収益を指しており，海外からの受け取り（プラス）と海外への支払い（マイナス）から収支が得

られる。第二次所得収支は海外援助・国際機関への拠出金などの収支である。
貿易・サービス収支，第一次所得収支，第二次所得収支を合計して収支を示し
たものが経常収支である。この経常収支は海外からの受け取り（プラス）と支
払い（マイナス）で収支の黒字（プラス）または赤字（マイナス）が示され，貿
易・サービス収支とともに，海外との関係から見た一国の経済活動を知る上で
鍵となる重要な情報をもたらしてくれる。

　第二次所得収支は対価をともなわない資産の取引を指しており，具体的には
政府や民間による途上国への援助などである。もし先進国が途上国に資産を無
償で移転した場合は，当該先進国の第二次所得収支の支払いが計上され，その
額だけ経常収支もマイナス方向に向かう。

　金融収支は，直接投資や証券投資または政府が保有する外貨準備増減などか
ら構成されている。金融収支は一国の資産が増加した場合にプラス，減少の場
合はマイナスとして計算をする。例えば，ある国の企業が他国の企業を支配す
るために株式を購入した場合，株式という資産が増加し，同時にその支払いが
行われている。

　ここで述べてきた国際収支表の各項目を用いながら，先に示した（12 − 1）
式について説明することにしよう。例を取り上げて説明をするが，単純化する
ために当該国は資本移転［2］を行っていないと仮定する。すると（12 − 1）
式は以下のように書き直すことができる。

$$経常収支 − 金融収支 = 0 \qquad （12 − 2）式$$

　（12 − 2）式は，経常収支から金融収支を差し引くとその差はゼロになるこ
とを示している。（12 − 2）式が経常収支と金融収支の間で成立することを簡
単な例で示してみよう。

　今，ある国の貿易収支をみると輸出 100 単位，輸入 50 単位であると仮定す
る。すると経常収支はプラス 50 単位の黒字である。このとき貿易に関わる代
金の受け取りと支払いで，差 50 単位の収支が発生している。この差 50 単位は
この国が得た資産の増加になり，その中身は海外直接投資や海外への証券投資

または政府の外貨準備などであり，それらを合計すると金融収支50単位となる。つまり経常収支と金融収支は無関係ではなく，繋がりを持って掲載されている。

　国際収支表について理解を深めるために実例として日本の統計データ（2021年暦年，単位：億円）を見てみよう。まず経常収支から見てみる。経常収支で約21兆円を上回る黒字を出していることがわかる。貿易・サービス収支をみると貿易収支が約1兆6千億円の黒字を記録しているが，サービス収支は貿易収支の黒字額を大幅に上回る規模（約4兆2千億円）の赤字で，貿易・サービス収支は赤字（約2兆5千億円）となっている。これは海外とのサービスの取引，例えば航空機の運賃，保険などの受け取りと支払いで大きな赤字になっている実態を反映している。

　次に第一次と第二次の所得収支を見てみよう。第一次所得収支は26兆円を超える黒字額を計上しており，日本の経常収支黒字の大きな要因となっている

表12－2　日本の国際収支表（2021年：暦年，単位：億円）

| | | |
|---|---|---|
| ［1］経常収支 | | 215,910 |
| ①貿易・サービス収支 | | -25,615 |
| （貿易収支，サービス収支） | (16,701, | -42,316) |
| ②第一次所得収支 | | 265,814 |
| ③第二次所得収支 | | -24,289 |
| ［2］資本移転等収支 | | -4,197 |
| ［3］金融収支 | | 168,560 |
| ①直接投資 | | 195,076 |
| ②証券投資 | | -220,234 |
| ③金融派生商品 | | 24,141 |
| ④その他投資 | | 100,677 |
| ⑤外貨準備 | | 68,899 |
| 誤差脱漏 | | -43,153 |

出所：財務省ホームページ（URL: https://www.mof.go.jp/policy/international_policy/reference/balance_of_payments/bpnet.htm）より筆者作成。

ことがわかる。第二次所得収支は約２兆４千億円の赤字である。

　資本移転等収支はマイナスでその規模は約４千億円程度である。先ほど説明
したように，その内容は他国に対する国への対価をともなわない固定資産の提
供などである。日本では資本移転等収支はマイナスの値になるのが一般的であ
る。

　貿易や海外への投資で得た所得がどこに資産として蓄積されたのかを金融面
で見たものが金融収支である。経常収支が黒字を記録しているので，金融収支
は資産の増加となるはずである。金融収支は 16 兆 8 千億円の増加を示してい
る。内訳は直接投資，金融派生商品，その他投資，外貨準備がプラス，証券投
資のみが赤字である。

　現実の統計では誤差脱漏の項目が加えられ，国際収支表が完成する。誤差脱
漏を考慮して，あらためて（12 − 1）式に統計データを当てはめてみよう。

経常収支（215,910 億円）＋資本移転等収支（− 4,197 億円）

　　− 金融収支（168,560 億円）− 誤差脱漏（− 43,153 億円）＝ 0　　　（12 − 3）式

　国際収支は合計すると必ずゼロになることが確認できる。私たちが国際収支
に関するニュースなどに接する機会があるときに注意するべきは，まずは国際
収支表の中のどの項目に焦点を当てているのか区別する必要があることであ
る。次に（12 − 2）式で描いた関係，経常収支と金融収支は無関係ではないこ
とにも注意する。

## （2）海外取引と消費

　国際収支表に関する基本的な見方がわかったので，海外取引と消費との関係
について話を進めていく。消費に直接関わる項目は経常収支，とくに貿易・
サービス収支が消費者の消費行動と深く関係している。

　まずは貿易収支に注目してみよう。貿易収支はモノの輸出と輸入の収支であ
る。一国の貿易について貿易統計に従って大雑把に分類すると，国によってそ
の割合の違いはあるが食料，工業用原料，資本財，非耐久消費財，耐久消費財

に分けられる。ここではこれらの中でとくに消費者の行動に直接関係する食料，非耐久消費財，耐久消費財を念頭に置きながら話を進めて行きたい。消費者の行動の変化は貿易収支に影響を与える可能性がある。貿易収支の一部であり，もちろん経常収支の一部でもある。

　伝統的な経済学の初歩的なモデルにおいて，輸入はどのように扱われてきたのか。一般的には，輸入は生産（所得）水準の増加関数として扱われている。所得水準が上昇すればそれにともなって消費も増えることが期待される。生産水準が上昇すれば，原材料の輸入も必要になる。輸入を M とし，生産（所得）水準を Y とすると輸入関数は以下のように書ける。

$$M = m_0 + m_1 Y \qquad （12-4）式$$

　ここで輸入関数の係数 $m_0$ は，一国の輸入 M が生産（所得）水準 Y と無関係に決められてくる部分を意味している。また係数 $m_1$ は限界輸入性向と呼ばれ，生産（所得）Y が 1 単位増加したときの輸入 M の増加の割合を示している。一般に経済学において $m_0$, $m_1$ は一定値として扱われているが，実際にはさまざまな要因によって中長期的に変化しうるものである。

　その変化の一要因となり得るのが，例えば消費者の輸入品への嗜好の変化である。ある製品に対する国産品から外国品に対する嗜好の変化を想像することができる。海外旅行の体験とそれによる外国製品への認知の拡がり，インターネットによる外国製品に関する関心の高まりなどによって消費者の消費財に対する消費行動が影響を受けるであろう。とくに最近のグローバル化と情報通信技術の進歩は，自宅のパソコンまたはスマートフォンを利用することによって比較的容易に外国の製品を個人レベルでも購入することを可能にしている。貿易収支を構成している輸入の一部は，このように消費者を取り巻く環境の変化とともに時代の流れの中で消費者自身もこの変化に対応しているのが現状である。

　サービス収支について取り上げることにする。国際収支表では収支だけが掲載されているためサービス活動についての取引規模はこの表からは判断できな

い。しかし経済のグローバル化の進展によって対外経済との関係は人の移動，モノの輸送，保険・金融サービスなどさまざまな分野に確実に拡がっている。とくにサービスの取引を消費に関して具体的に示しているのが海外旅行である。各国間の人の移動に関する制限の緩和や技術進歩による航空運賃の低下などさまざまな要因によって以前に比べると海外旅行に容易に出かけられるようになり航空輸送，保険・金融サービスなどを利用する機会も当然増えるであろう。これは国際収支におけるサービス収支の重要性を高める，つまりモノからサービスへの変化である。

　消費を通じたサービスの取引の拡がりは，経済にさらなる変化をもたらす可能性を秘めている。消費者が海外旅行することでさまざまな商品に関する知識や経験を得るであろう。それらはその後，国内における日頃の消費者の消費行動にまったく影響が無いわけではないであろう。消費を通じたサービスの取引は，時間をおいて現物の消費に反映されることが考えられる。消費関数を用いると，短期的には消費関数の係数 $m_0$ と $m_1$ は一定であるが，ここで述べたような経済のグローバル化が進展することによってその値を変えることがある。

## （3）ICT と消費の可能性

　ICT（情報通信技術：Information and Communication Technology）の発展はグローバル化とともに消費に大きなインパクトを与えている。消費者はこのインパクトに対しただ受け身に回っているだけなのであろうか。具体例として，書籍や雑誌の購入をした場合について考えてみる。

　現在は電子化されている雑誌であれば，出版とほぼ同時に，住んでいる場所に関わらず入手しようと思えばインターネットを通じて入手できる。外国の書籍や雑誌の場合，以前であれば出版されてから現物が手元に届くまで 1 ヶ月あるいは 2 ヶ月以上待たなければならなかった。時間も輸送コストも大きな違いである。これに加えて消費者が書籍や雑誌に関する感想や要望を生産側に伝えることも限られていたと思われるが，ICT を用いることで現在では双方向の情報交換が可能で，その情報も必ずしも国境に縛られる必要もない。消費者と

生産者または消費者同士が国境を越えて繋がり，情報を共有することが可能になっている。

　現在では書籍や雑誌を購入した消費者は，インターネット上で展開されている WEB ページで書籍や雑誌の感想を書き込むことがあるだろう。それを見た他の消費者がその書籍や雑誌を購入しているかもしれない。消費が消費を呼ぶ現象である。またはある書籍や雑誌の購入が増えることで，生産者が次の企画を考えて実行するかもしれない。つまり消費が次の生産を呼び起こす可能性がある。

　このような消費の繋がりは ICT の発展なしには起こり得ない現象であり，グローバル化とともに今後も継続するものと考えられる。ICT の発展とグローバル化が今後も継続されることを前提にして，消費活動から次の経済活動が生じる可能性があることを指摘しておきたい。

# 2　為替レートと消費者

## （1）外国為替市場と消費者

　よく見かけるテレビのニュース番組の最後に，時々の株式市場と為替レートの情報が伝えられている。私たち消費者は，時々の株価の傾向から景気の良し悪しあるいは経済活動の趨勢を大雑把ではあるが予測しようとする。為替レートについてはどうであろうか。そもそも為替レートはどのように決定されて，日々の消費者の生活にどのような関わりを持っているのか。まずは為替レートについての基本的な事柄から理解をするようにしよう。

　一般に為替レートまたは外国為替相場（外為相場）と呼ばれている市場について簡単に説明してみよう。ここで外国為替とは，外国の通貨を意味しており，外国為替市場は自国の通貨と外国の通貨を取引する市場であり，外国為替市場で決定されるのが外国為替相場（レート）である。自国の通貨と他国の通貨は，例えば円と米ドルなどのように通貨の単位が異なっている。異なる通貨を取引する市場が必要であり，そのための市場が外国為替市場である。

　外国為替市場では通貨単位が異なる通貨の取引が行われるが，異なる通貨の交換比率を外国為替相場（レート）と呼んでいる。ここでは簡単に為替レートと呼ぶことにする。為替レートには2通りの表示がある。円と米ドルを例として説明すると，例えば1ドル＝100円として表示するのが円建て表示であり，1円＝0.01ドルとして表示するのがドル建ての表示である。私たちがニュース番組や新聞で目にするのは円建て表示の為替レートであるが，海外旅行や出張であらかじめ両替を行う際，または海外の銀行やホテルなどで両替を行うときにドル建て表示を目にすることがある。

　この為替レートは現在，多くの国々で基本的には経済・社会の状況に対応して市場で決定されている。為替レートが日々の市場での取引関係，具体的には市場におけるそれぞれの外国為替に対する需要と供給によって決定される仕組みを変動相場制と呼んでいる。これに対して日々の外国為替の需給と切り離して，為替レートが固定化されている仕組みを固定相場制と呼んでいる。第二次世界大戦後，米国を中心とした先進各国は1970年代の初期までは固定相場制を採用し維持してきたが，その後は変動相場制に移行し現在に至っている。

　先ほど述べたように外国為替市場は各国の通貨を取引し，その交換比率が市場での各国の通貨に対する需要と供給によって決められる市場である。この需要と供給についてここで簡単に説明しておく。例えば現在1米ドル＝100円というレートであるとしよう。日本の自動車メーカーが米国の消費者に1万ドル（100万円）輸出・販売したとする。一方で米国の農家が牛肉を日本の消費者に5千ドル（50万円）輸出・販売したとする。一般的には海外との取引は米ドルが使用されるので，日本の自動車メーカーは受け取った1万ドルを日本の銀行で両替する必要があり，一方で日本の消費者は牛肉の代金5千ドルも米ドルで支払う必要があり両替をする。日米の取引がこれ以外ないと仮定すると，どのようなことが起こるのか。

　日本の銀行は外国為替の取引部門において上記の取引が終了した後で，両替をしたことによって以前に比べると手元に保有する米ドルの増加（5千ドル）と円の減少（50万円）を認識する。このままでは今後の両替に支障が出るかも

しれない。この銀行は手元の5千ドルを50万円に両替したいと思うことになる。そこで取引を行うのが外国為替市場である。他の銀行が米ドルを必要としていれば現在のレート1米ドル＝100円で取引が成立する。しかし日本と米国がここで示した取引以外はないと仮定しているので，この銀行の取引に応じる銀行はない。この銀行はこのままでは米ドルを保有し過ぎて，円が不足している状態を解消するためにレートを変えて取引相手を探そうとする。ドルの価値の引き下げ，円の価値を引き上げる，例えば1米ドル＝90円という評価で取引相手を探すことで取引を成立させる。

　ある国がある国に対して経常収支が黒字になると，経常収支の黒字国の通貨価値は上昇することになる。それはここで示したように，経常収支の黒字化または黒字の額の増加は外国為替市場においてその国の通貨に対する需要の増加を意味している。通貨に対する需要の増加は，その通貨の他国通貨に対する相対価格，つまり為替レートを上昇させる。この例では円レートの上昇，すなわち円高である。過去には1980年代に日本の拡大する経常収支黒字に対して先進各国が協調して外国為替市場に介入を行い，その後，日本経済は急激な円高を経験した。

## （2）購買力平価

　日々の為替レートが外国為替市場の需給によって決定されていることはすでに述べたとおりである。ここでは少し長期的な視点から，為替レートの決定について理論的な見方を紹介しておく。為替レートの決定メカニズムについて長期的な視点を得ることは，賢い消費者として経済・社会生活を送る上で重要な意味を持っている。

　そもそも為替レートはどのような要因で決定されるのか。ここで紹介する購買力平価説という考え方は，長期では各国の物価水準が為替レートを決定するというものである。例として日本と米国を考えてみよう。為替レートは円建て表示で書くようにする（1米ドル＝E円）。日本の物価水準をPとし，米国の物価水準を$P^*$とする。話をわかりやすくするために，ある買い物カゴがあると

しよう。買い物カゴを日本で1単位購入するとその支払い額は1,000円であり，同じ買い物カゴの1単位を米国で購入するとその支払い額は10ドルであるとする。このとき外国為替市場ではどのような為替レートが成立するであろうか。1単位の買い物カゴを中心において考えるとよい。

$$P^* （10米ドル）＝買い物カゴ（1単位）＝P円（1,000円）$$
$$10米ドル＝1,000円：100（円／ドル）$$

　買い物カゴを中心におくことで日米の為替レートはとりあえず1米ドル＝100円が成立しており，一般には名目為替レートと呼ばれている。

　先ほどの例で日本の物価水準Pが下落したと仮定し，例えば同じ買い物カゴの支払い額が1,000円から800円になったとする。このとき米国では物価水準は変わっていないと仮定する。

$$P^* （10米ドル）＝買い物カゴ（1単位）＝P円（800円）$$
$$10米ドル＝800円：80（円／ドル）$$

　日本の物価水準Pが下落したことで為替レートは米ドルに対して増価している。円表示した場合の金額は1米ドルに対して小さくなり，これは1米ドルを以前より少額の円で手にできることを意味している。日本の物価水準が上昇し，例えば買い物Aの支払いが1,200円になると為替レートは減価し，以前の状態に比較して円安になったといわれる。ここで見てきたように，物価水準が相対的に高い国の通貨は為替市場において減価し，物価水準が低い国の通貨は増価する。このように購買力平価の考え方は単純で，理解するのが容易である印象を受ける。ただし現実の市場では，各国の物価水準の違いが為替レートに反映されるまでには一定の時間がかかり，この調整が常に市場において瞬時に行われるとは限らないことに注意する必要がある。

　そして購買力平価という考え方を為替レートの決定に用いる場合，ここで買い物カゴとした具体的な買い物の中身をどうすれば良いのかという問題に突き当たる。平均的な日本人と米国人の1日の買い物の中身はおそらく同じではな

いであろう。日常の生活スタイルが同じではない。買い物の中身の問題をどうすれば良いのだろうか。

　世界基準になるような財に相応しいモノ，つまり世界中の至るところで容易に生産できて，同じように消費しているようなものを連想すれば良い。このような発想で始められたのがビッグマック指数である。ビッグマック指数はイギリスの経済雑誌『Economist』による試みであり，米国のマクドナルド社のハンバーガー，ビッグマックを基準として世界の各国におけるビッグマックの価格を調べ指数化して 1986 年以来，毎年発表している（『Economist』社が提供しているビッグマックの指数の情報については以下の URL を参照して頂きたい。https://www.economist.com/big-mac-index）。これは世界各国の物価水準をビッグマックに置き換えて仮想的または理論的な為替レートを求め，それと現実の為替レートとの乖離を示す試みである。公表されているデータを見ると，多くの国で乖離が見られる。購買力平価ではすべてを説明することができないことがわかる。

## （3）金利平価

　より短期の為替レートの動きについて説明する理論として金利平価がある。金利平価はある国と他国の金利差がある場合，その差を解消するために為替レートが調整されるという考え方である。具体例で説明しよう。

　日本の金利が r で表され，米国の金利が r* で表されるとする。ある日本の消費者は 1 単位の資産を保有して，この資産を日米のどちらかで運用しようと考えているとする。1 単位の資産を日本で 1 年間運用すると，1 年後には元利合計すると（1＋r）円になる。米国で運用する場合は，1 年後の為替レート $E^e$（円／ドル）を予想して，現在の為替レート E で資産を両替する。そして 1 年後に実現した為替レート E* で円に両替をする。つまり消費者は次の式で表される状況で資産運用の選択を行うのである。

$$(1+r) = \frac{E^e}{E}(1+r^*) \qquad (12-5) 式$$

　両国の金利 r, r* が一定と仮定すると，現時点で不確定な項は $E^e$ だけである。消費者は日米両国の金利差と米国で資産を運用した場合の不確実性を考慮して（12 - 5）式が成立するような選択を行う。ただし，1 年後の為替レート $E^e$ はあくまで現時点では予想である。

　今，日本の金利水準が何らかの原因で低下したとする（日本銀行の政策など）。1 年後の為替レート $E^e$ の予想と米国の金利水準は変わらないとすると，直近で影響を受けるのは現在の為替レート E であるのが（12 - 5）式からわかる。（12 - 5）式の左辺が低下しているので，右辺の分母が大きくなっていなければならない。つまり為替レート E が減価（円安）している。当該国の金利を低下させるような出来事は，他の条件が等しければその国の為替レートを減価させる効果を持つのである。逆に金利の上昇はその国の為替レートを増価させる効果がある。為替市場ではこのような金利と為替の調整メカニズムが短期に行われると考えられている。

## （4）為替レートと消費者─フローの側面─

　これまで学んだことを踏まえながら，為替レートと消費または消費者行動について経済のフローの側面に焦点を当てて話を展開してみよう。単純なことから話を始めて行く。一国のマクロ経済統計は大きくフローとストックに分けられている。経済活動をフローで捉えるとは，生産された財・サービスが一定期間において誰によって，どのように使用されたのかを明らかにすることを意味している。とくにここでは海外との取引と消費に注目するが，まずは簡単なマクロ経済モデルを念頭に置きながら話を進めてみよう。

　ある国の国民所得を Y で表し，総需要を構成する項目をそれぞれ消費 C，民間投資 I，政府支出 G，輸出 X，輸入 M（控除）とする。国民所得は次式のようになる。

$$Y = C + I + G + X - M \qquad （12 - 6）式$$

　話を単純化するために（X - M）が経常収支を表していると仮定しよう。

この国の輸出 X は一定で，輸入 M は（12 - 4）式で示したように国民所得に依存し，さらに為替レート E にも影響を受けると考えることにする。輸入と為替レート，そして消費との関係についてまずは短期的な経済のメカニズムを整理する。

　金利平価で説明したように，金融・財政政策の変化などの影響を受け為替レートは変化する。例えば中央銀行による金融緩和策の実施は（12 - 5）式に示したように当該国の金利 r を低下させ，一方で当該国の為替レートを減価させる効果を持っている。為替レートの減価は，その国の輸出品の価格下落と輸入品の価格上昇を意味している。一般的には通貨価値の下落は，価格下落による輸出量の増加と，価格上昇による輸入量の減少をもたらす。消費者の視点からすると自国通貨の減価は輸入品の価格上昇の一因になり，その影響の多寡は個別品目についての輸入需要の価格弾力性に依存する。もしも弾力性が小さいとしたならば，国内で当該品目の価格上昇が避けられないことになる。さらに多くの品目で為替レートの減価による影響が継続されるような状況に至ると，国全体レベルでの価格の変化，すなわち物価の上昇を視野に入れた議論になるが，これについては次節で取り上げることにする。

　消費と為替レートの減価についてインバウンド需要について見ていこう。ある国にとっての為替レートの減価は，他国からすれば通貨価値の上昇を意味する。他国の消費者にとっては，為替レートが減価している国の商品が以前よりも安価に入手できるので，一般的にはその国の商品の需要を増加させようと考える。その一つの方法は，為替レートが減価している国を実際に訪れ，そこで買い物をすることである。通貨価値が上昇している国の消費者は，旅行代金に含まれる航空機の運賃やホテルの宿泊代，飲食費を以前よりも割安で享受する。このような消費活動は通貨価値が減価した国で一般に見られるようになり，これは一般にインバウンド需要と呼ばれている。これは（12 - 5）式においては輸出 X として扱われている。インバウンド需要は国内で発生するので，その需要は外国の主体からの消費活動から始まるが，次の段階では一国経済に生産 Y と消費 C の通常の波及効果を与えると考えられる。つまり通貨価値の

下落は輸入量を減少させる効果があるが，人々の移動が容易になった現代においては，インバウンド需要を発生させる可能性がある。

## （5）為替レートと消費者─ストックの側面─

　次に為替レートと消費または消費者行動について，経済のストックの側面に焦点を当てる。一国経済においてストックの統計は，大きく固定資産と金融資産に分類されている。資産について具体的に示すと，消費者は建物，土地，車両，現金，債券などを所有している。これらの資産は為替レートと経済活動とどのような結びつきを持っているか考えてみよう。

　ここでは為替レートを決める際に，資産の存在を考慮に入れる。自国と外国に資産があり，それぞれの国の物価水準を P，P* と記すことにする。為替レートは自国と外国の金利差がなく，かつ不確実性もない場合，購買力平価で説明したように両国の物価水準によって決められることになる。これに対して，自国の物価水準 P と外国の物価水準 P* を考慮した為替レートを実質為替レート $\hat{E}$ と呼び，式で表すと以下のようである。

$$\hat{E} = E \frac{P^*}{P} \qquad （12-7）式$$

　実質為替レート $\hat{E}$ を用いることで，自国や外国の物価水準の動向が経済活動，ここでは消費に与える影響を考察することができることになる。（12-7）式の P*/P 項は内外の $\hat{E}$ 価格差を表しており，これが為替レートを決定する重要な要素になっている。輸入 M は所得 Y と実質為替レート $\hat{E}$ に依存し，例えば外国の物価水準 P* の上昇は自国の実質為替レート $\hat{E}$ を減価させる。

　自国の物価水準の下落は実質為替レートを減価させ，前節で示したように外国における自国財に対する需要を拡大する効果がある。ただし，長期には自国の輸入物価が上昇することの影響を考慮しなければならない。生産された財・サービスに対する価格上昇だけでなく，すでに存在している資産の価格にもその影響は及んでいく。

　実質為替レートが減価した場合の消費者に目を向けてみよう。自国の輸入物

価が上昇しているので，消費者はフローとストックの双方で輸入物価の影響を考慮して行動する。まずフローでは輸入品の価格上昇とそれによる需要の減少が生じる。また輸入物価の上昇は実質賃金を引き下げる効果もあり，それによる需要の減少も考えられる。ストックでは為替レートの減価が生じているので，実質の資産価値は低下することが考えられる。消費者が保有する資産価値の低下は（12－6）式にある消費需要の減少Cをもたらす要因になり得る。これは消費関数における逆資産効果と呼ばれている。

　このように消費者は名目為替レートを念頭に置きつつ，内外の物価水準の動向などを考慮しながら自らの消費行動を選択しなければならない。インターネット取引を利用することで，以前に比べると消費者個人が海外との経済的な取引を気軽に行えるようになってきている。そのような環境であるからこそ，基本的な経済のメカニズムをあらかじめ理解しておくことが大切になる。

（宮阪雅幸）

# 第13章

# 流通政策と消費行動

## 1 現代の流通制度

### (1) 流通と流通政策

　本章では，一企業や業界でなく公的な視点から流通に関わる問題を取り上げる。まずは現代の流通システムについて簡単に紹介し，とくに流通システムと消費者について最近の特徴を整理する。次に大きなトピックとして消費税と規制緩和を取り上げて，経済学の基本的な道具を用いてこれらのトピックを解説する。

　一国の流通政策に関する話を始める前に，そもそも流通とは何かを簡単に説明しておこう。流通とは生産と消費を結ぶ活動を指している。その活動について少し詳しく見てみることにする。

　具体例として身近な鮮魚の流通を取り上げてみよう。消費者が消費している鮮魚は，消費者が自ら魚を捕獲しているわけではない。多くの場合，漁師が漁を行い競りにかけられその後，集荷・輸送され，店頭に並べられたものを消費者が購入し消費されている。

　まずは鮮魚市場で供給者（漁師）と需要者（例えば海産物業者）との間で競りが行われ，価格が決まる。いわゆる浜値である。次に消費者がいる場所に魚が輸送される。多くの場合，鮮魚はスーパーの店頭で売られており，消費者がそれを購入している。その市場は最終財の市場と呼ばれ，販売価格も需要と供給によって決まる。この価格に消費税が加わると，価格はその分だけ上昇する。

消費税については第3節で取り上げる。

　あらためてまとめると，生産から消費に至る一連の取引に関わる過程がすなわち流通なのである。一国には最終財の市場だけでなく，生産者間で取引が行われる中間財の市場が存在し，それぞれの財の価格と取引量が決定されている。この詳細については後で説明する。

　次に流通と流通政策についてまとめておく。一国にはさまざまな財が存在し，生産と消費が行われている。すでに述べたように，流通に関わる一連の活動が日々営まれている一方で，流通に関する何らかの社会的な問題が発生している。例えば，市場における強力な支配力を有する主体の存在と行動の制限，特定の主体（消費者など）の保護などを考慮する必要に社会が直面することが考えられる。このような流通のさまざまな問題に社会全体の視点から，望ましい解決策または方法を模索し実行するのが政府である。政府が行う流通に関する諸政策が流通政策であり，一部の企業に対する行動を制限すること等の競争政策や消費者保護政策，流通を通じた環境保護など社会のあらゆる領域に拡がりをみせている。

　次に流通政策の中の規制緩和についてみていく。規制緩和は特定の国に限ったことではない。多くの国々が最適な規制のレベルについて深く考慮していると考えられる。あらゆる流通の過程に存在している規制のレベルは，その国のイノベーションに影響を与え，最終的には経済成長に影響を及ぼす可能性がある。ミクロ的な流通政策の積み上げは，一国の経済成長にとって重要な意味があると考えられる。

　流通政策は大きく国内流通政策と国際流通政策に分けられる。国内流通政策は流通経済政策と流通社会政策から構成されている。国内流通政策は先に述べた競争政策や各産業の振興政策や合理化・近代化政策，国内社会政策は流通労働者の環境改善，消費者保護，流通を通じた環境問題への取り組み，流通を通じた都市の整備（まちづくり）などである。国際流通政策は通商貿易政策であり，貿易に関する規制緩和やさまざまな障壁の撤廃あるいは規制強化，関税の賦課あるいは撤廃など経済のグローバル化によってその重要性が高まっている。

## （2）流通の経済分析

　ある財 X の市場について考えてみる。とりあえずこの市場には需要者も供給者も多数存在している競争的な状態を考える。誰も市場で決まる価格や取引量を支配することはできない。この財の市場に通常の需要曲線と供給曲線を描くことにする。

　図 13 − 1 の縦軸には X 財の価格 p，横軸には取引量 q が描かれている。例えば，ある時点で X 財の価格が $p^*$ であり，取引量が $q^1$ であるとする。消費者全体で見ると，財 X に対して $Op^*gq^1$（価格×数量：D + E + F）の支払いを行っている。このとき消費者が得ている効用は消費者の需要曲線の高さによって表されるので，財の消費から得られる効用の大きさは $0dd'q^1$ の面積で示すことができる。この財を手に入れるために支払った大きさは $0p^*qq^1$ であったので，この支払い分を除くと支払った分以上に得ることのできる効用は $p^*dd'g$ であり，図の A と B の面積に等しい。一般に消費者が進んで支払いを行う金額と実際に支払った金額の差を消費者余剰と呼んでいる。生産者についても同様に考えると，生産費は図の F に相当し，生産によって得られる利潤が D+E である。この D + E が生産者余剰である。一般に消費者余剰 A＋B と生産者余剰 D＋E を合計して社会的余剰（総余剰）と呼んでいる。経済学では社会的余剰はその社会にとってできる限り大きいことが望ましいと考える。なぜなら，余剰が最大になるとかけた費用から得られる利益が最も大きくなるからである。

　図 13 − 1 で市場での財 X の取引量が $q^1$ であるとすると，このときの生産と消費の水準は社会的に見て好ましい水準であると言えない。もし市場に何らの制限がなく自由に取引が可能で，経済主体間で情報の非対称性などがなければ，取引量を増やすことによって消費者余剰と生産者余剰の双方を同時に高めることができるからである。生産者が自由な市場で $q^*$ まで生産と消費を行うと，それによって消費者の効用は図の面積で見ると C だけ増え，生産者の利潤は G だけさらに増えている。社会的には取引量が $q^1$ から $q^*$ まで増えることで社会的余剰が C＋G だけ増加していることがわかる。

図13－1　市場均衡と余剰

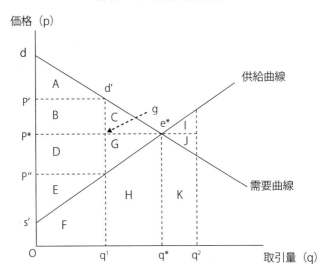

　一方でq*を超える消費が行われた場合の余剰について考えてみよう。例え
ば，この場合の消費をq²とする。このとき消費者は価格p*を支払っており，
金額J＋Kに対して，得られている消費者余剰の増加分Kはそれ以下の大きさ
でしかない。消費者は図では面積Jで示されているマイナスの余剰が発生して
いる。同様にq²まで生産を行うと生産者全体で新たにI＋J＋Kの費用が生じ
ているが，新たな収入はJ＋Kだけである。生産の増加による利潤の全体への
影響を考えると面積Iの部分でマイナスの利潤が発生している。

　つまりq*を超えて生産を行うと，今説明したことと同じことが繰り返され
ることになる。これを社会的余剰という視点で整理する。例えば，q*を超え
てq²まで生産と消費を行うことによって，社会全体で消費者余剰の減少（面
積J）と生産者余剰の減少（面積I）が同時に発生しており，これは経済学の視
点から好ましいことではないと考えることができる。逆にみると価格p*と取
引量q*の組み合わせを示す需要曲線と供給曲線の交点e*で社会的余剰は最大
になっていることがわかる。

　社会的余剰が最大になっていない状況がもし現実に存在しているのであれば，何らかの方法で現状を改善することを公的な立場から思考・実施または実行するのが公共政策である。ここでは流通に関する実際の問題を取り上げて，これに経済学の道具を使いながらあるべき流通政策の方向について考えてみよう。

## （3）完全競争市場と市場の失敗

　流通政策について検討を進める前に，競争が完全な市場を基準にして，そこからの乖離という形で現実の市場の問題をみていく。出発点として，完全競争市場を定義しておこう。経済学では以下の条件が満たされる市場を完全競争市場と呼んでいる。

　市場が完全競争的であれば，その財の市場は日々の変動による影響を受けながらも，基本的には先ほど図13 - 1で示した均衡点 $e^*$ に向かって調整されるものと考えられている。完全競争市場について少し詳しく中身を見てみよう。

　①市場が多数の供給者と需要者から構成されている。
　②市場への参加，退出が自由である。
　③取引されている財について取引費用がかからない。
　④財についての情報がすべての取引主体にとって等しい（情報の非対称性）。

　①は競争条件と呼ばれており，この条件が満たされない市場としては例えば，多数の需要者が存在する一方で，供給者が一企業であるようないわゆる独占市場があげられる。具体的な例としては地域の交通機関や水道事業などが当てはまる。独占市場は供給側の要因によっても成立する。例えば，ある財の生産あるいは加工について，他の企業にまねのできないような特殊な技能や知識を有することで独占的な立場に立つ場合である。このような生産者の特殊な技能や知識による独占を公的に認める制度が知的財産権（特許権，実用新案権，商標権など）である。また多数の需要者に対して少数の供給者から構成される市場もある。これは寡占市場と呼ばれている。寡占市場は携帯電話，自動車，家

電製品など多くの製品市場で観察することができる。供給者の独占市場や寡占市場は一般に完全競争市場に比べると，価格水準が高く，取引量が少ない。そのためとくに消費者余剰が減少し，社会的余剰も完全競争市場に比べると減少することが知られている。

条件の②は，各経済主体の行動に対して何らの制約がない状況である。この条件が満たされない市場として，政府などによる規制によって財の供給が自由に行えない場合などがある。例えば特定の生産に関わる許可や特定の製品規格による市場への参入障壁は，当該財を供給しようとする競争者の数を減少させ，その結果として財の価格を高価にして生産水準を減少させる。流通を念頭におくと，取引業者間の取引慣行なども市場への参入障壁になり得るであろう。人々の健康や安全，環境保護のための規制は社会的に必要なものである。規制緩和については，次節であらためて経済学の手法を用いて検討する。

条件③は，取引に必要な財の輸送費などがない状況を想定している。例えば実際には同一の財であっても消費の場所によって財を運搬する必要があり，輸送費用が発生し，価格が地域によって異なることがある。この他には取引に関する交渉・情報収集などの費用も取引費用に含まれる。そもそも流通活動にはこのような取引費用をできる限り減らすためのさまざまな工夫がある。インターネット上で展開されているさまざまな通信販売ビジネスはまさにその一例といって良い。とくに大規模事業者は一定の条件があるが，インターネットを介することで消費地による価格差を解消し，同一財についての同一価格を実現させている。

条件④は市場に参加する需要者と供給者，いずれも取引している財，取引相手の行動または価格について十分（完全）な情報を持っているということである。この条件が満たされない状況は，その市場に情報の非対称性が存在するといわれる。情報の非対称性をもたらす要因は，需要者と供給者の双方にあり得る。例えば，需要者が情報を有していて供給者には情報がない市場として，生命保険や自動車などの損害保険サービスを取り上げることができる。この場合，需要者は日頃の自らの行動を把握している。一方で保険サービスを提供す

る供給者は需要者の日頃の行動は把握できず，健康または運転操作に対する配慮など十分な情報がない状況で保険契約を行うことになる。

　これは逆に供給者が情報を所有して，需要者に情報がない市場もある。例えば私たちが日常的に購入している食品を想像してみると，この情報の非対称性の問題が身近なものであることに気づかされるであろう。食品偽装の問題はまさに，供給者と需要者との間にある情報の非対称性から発生している問題といえる。供給者はその食品について情報を所有しているのに対して，需要者は必ずしもその食品を見た目から，あるいは食しても判断できるとは限らない。程度の違いはあるが，このような情報の非対称性は多くの市場で観察できる。

　私たちの社会では情報の非対称性に対してどのように対処しているのだろうか。問題の要因が需要者と供給者，いずれの側にあっても，解決のための基本は非対称性をいかにして埋めるかということである。保険市場では，需要者に関する客観的な情報を利用することで保険契約に好ましくない需要者をあらかじめ排除するなどの工夫がなされている。また，食品のケースでは産地・製法などの情報を需要者に公開するなどの工夫が試みられている。それぞれの市場で情報の非対称性を解消するための実現可能で効果的な取り組みが必要になる。

　完全競争市場に関して，条件①から④をすべて満たしている市場を現実に見つけることは必ずしも容易なことではない。何らかの条件が程度の問題はあっても満たされないのが現実である。この中で完全競争市場から乖離し，とくに著しく市場による資源配分の機能を損なってしまうことになる。これを市場の失敗という。こうしたケースについては何らかの方法でこれを補正することが社会的に求められる。このために行われるのが政府による公共政策である。次節では流通市場に対する規制緩和を例として，市場への政策の効果について検討する。

# 2 流通と規制緩和

## (1) 価格規制のケース

　前節で述べたように，ある財が生産されて消費に至る過程においてさまざまな市場が存在しており，そこでは市場の機能を損ねてしまう諸要因が散見している。例えば，支配的な一部の生産者によって競争が妨げられている市場になっているかもしれない。または政府による生産水準の規制なども場合によっては市場を不必要に歪めてしまう要因になり得る。ここでは政府が自由な市場に規制を加えることにより，どのような問題が経済活動に生じる可能性があるのかについて需要・供給曲線を用いて明らかにする。

　まずはある財（X財）の市場においてその財の価格が高騰している状況を仮定し，政府がX財の価格に上限を設けるような政策を実施するケースについて検討してみよう。X財の価格が高騰している状況は，例えばX財の市場に

図13－2　価格規制のケース

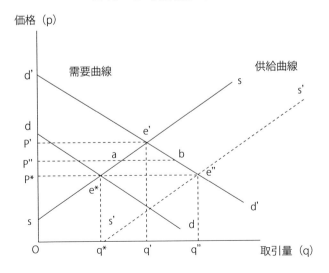

突然の需要増加が生じて超過需要が発生したケースなどを想定すると理解しやすいだろう。図13－2を用いて示してみる。

　図13－2は，ある財X（例えば感染予防のためのマスクなど）に対する需要が急に増加したと仮定して2本の需要曲線ddとd'd'が描かれている。需要曲線ddが需要が増加する以前を示している。この需要曲線ddと供給曲線ssで価格p*と取引量q*が決定されると考えられる。

　まずは政府の政策がないケースについて話を展開してみよう。始めに需要の増加があり，需要曲線がdd線からd'd'線へとシフトすると仮定してみよう。需要曲線のシフトによって，あらたな市場の均衡がもたらされることになる。需要曲線d'd'と供給曲線ssの交点e'で市場の均衡点が示され，均衡価格はp'，均衡取引量はq'となる。図から明らかなように需要がシフトすることで市場には超過需要e*e**が発生して，そのために財の価格が上昇し始める。その価格の上昇は超過需要がある限り続くが，やがては均衡価格e'に向かって行く。

　さらに，価格が上昇したことで市場に新たな参入者が加わることも考えられる。これは供給曲線のss線からs's'線へのシフトとして描くことができる。供給曲線のシフトによって，供給の増加とともに財の価格は下落し始め，最終的に価格は図に従うと，元の水準のp*に戻っている。ただし，取引量は元の水準を超えq''に拡大している。需要曲線のシフトによる価格上昇は，供給が増加するまで一時的に消費者に大きな負担をもたらす可能性がある。しかしそれは同時に，その後の供給曲線のシフト，言い換えると生産者の市場にイノベーションを呼び起こす要因の一つになりえる。

　次に需要の増加による価格の高騰に対して，政府が価格の上限を設定する政策を採用するケースを仮定して，市場にどのようなことが起こるのかを検討してみよう。需要曲線がdd線からd'd'線へシフトすることは前のケースと同様である。政府が価格の上限をp''と設定したケースを考えてみよう。

　このケースでは市場でabの超過需要が生じている。通常であれば市場において価格上昇の力が作用するが，政府の政策によって価格が変わることはな

い。図のa点で需要できている需要者はaでこの財を購入できているが，市場にはabだけの品不足が発生している。市場では価格がp*からp''へ上昇し，取引量は以前よりも増加する。ただし，このような政府の政策が持続されると，さらに財の超過需要が慢性化されることになる。

このような状況を防ぐためにはこれまでの検討から明らかなように，市場への規制を排除することが望ましい。もし可能であれば当初の状態から需要が増加して価格が高騰している状況で，価格を制限する政策よりも供給を増加させる供給サイドに作用する生産補助などが望ましい。生産補助によって供給曲線のシフトが可能になり，できるだけ早く市場の均衡点をe点からe**へ移動させることができる。

## （2）数量規制のケース

次のケースとして政府が財の供給量をあらかじめ決めている市場について検討してみよう。それぞれの市場に対して政府が特定の事業者に決められた数量の供給を認める許認可制度を想像すれば良い。図13－3を用いて，まずはこの市場における価格決定について考えてみよう。

図13－3では，政府が市場に規制を行うケースの供給曲線を実線で描き，規制がないケースの供給曲線を実線と点線を連結させて描いている。政府が供給を規制することによって市場に供給される財の数量は減少し，需要曲線ddと供給曲線ssで決定される価格はp'であり，市場の均衡点は交点e'によって示されている。消費者と生産者，それぞれの余剰について見てみよう。消費者の消費者余剰は三角形Aの面積で示され，生産者余剰は台形の面積B＋Cで表すことができる。社会的余剰は台形A＋B＋Cである。

次に規制が緩和されたと想定して以下の話を展開することにしよう。このとき需要曲線ddであり，供給曲線は実線と点線で示されているss'である。価格は需要曲線と供給曲線の交点で決定されp*となる。規制があるケースに比べると価格が低下している。数量で見ると，規制がないケースではq'からq*へと財の供給が増加し需要も増えることになる。

図13－3　数量規制のケース

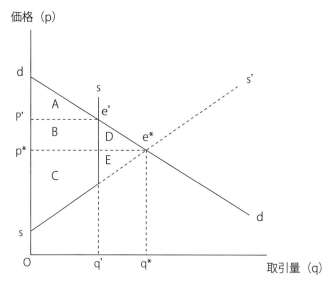

　消費者と生産者，それぞれの余剰について検討してみよう。まずは消費者の余剰であるが，規制が緩和される前はAだけの余剰を得ていたのに加えて，規制緩和によって価格が低下し，需要も増えている。それは余剰B＋Dの面積に等しい。合計すると消費者の余剰はA＋B＋Dの面積で表すことができる。一方，生産者の余剰は価格が低下したことでBだけ余剰が減少している。ただし，生産量が増えているのでその分の余剰はEだけ増加している。生産者の余剰を合計するとC＋E－Bである。価格の低下によって余剰が生産者から消費者にBだけ移転したことを示している。さらに規制緩和は価格の変化だけでなく，取引量も増加させ消費者の余剰をD，生産者の余剰をEそれぞれ増やしている。ただし，生産者の利潤は規制緩和によって利潤が減少してしまう可能性がある。その程度はBとEの大小関係によって決められる。
　社会全体では規制緩和によってD＋Eの面積だけ余剰が拡大していることが確認できる。それゆえ，社会的には可能な限りの規制緩和が望ましいと考えられる。時々にその社会で必要な規制などはあるが，政府には常に社会の変化を

意識しながら柔軟な姿勢で市場に向き合うことが求められる。

# 3 市場と消費税

## （1）消費税と余剰

　消費者はさまざまな場面で政府と経済的な繋がりを持ちながら日常生活を営んでいる。ここでは流通の最後で消費者が政府に支払いを行っている消費税について焦点を当て，消費税が市場に与える影響を明らかにしよう。消費税は単純化すると2つのタイプに分けられる。一つは財の価格に一定の税率を課して支払金額が決められる従価税の方式である。もう一つは財の価格に一定額を加算して支払い金額が決められる従量税の方式である。ここでは市場に対する消費税の影響について議論するために従量税を仮定するが，従価税を仮定しても基本的には同じ議論が展開できる。

　まずは図13 − 4を用いて，消費税がない財の市場を確認しておこう。図13 − 4では需要曲線ddと供給曲線ssがそれぞれ描かれており，この両曲線の交点 $e^*$ が市場の均衡点である。そして均衡価格が $p^*$，均衡取引量が $q^*$ として描かれている。今，政府が従量税の方式で消費税 t を導入したと仮定しよう。課税後の価格 $p'$ は財の価格 $p^*$ に常に一定額 t を加算するので $p' = p^* + t$ となる。ちなみに従価税のケースにおける税額は t を税率として $p' = p^*(1 + t)$ となり，税の支払額が財の価格 $p^*$ に依存（$p^* \times t$）することがわかる。ここでは従量税を仮定しているので，図13 − 4の供給曲線 ss を従量税 t だけ上方にシフトさせて描かれている。

　政府が従量税の方式で消費税を導入することによって，図13 − 4の供給曲線 ss は供給曲線 $s's'$ へとシフトし市場の均衡点も移動する。均衡点 $e^*$ は消費税の導入によって定額相当分 t だけ上方にシフトし，財の価格が $p^*$ から $p'$ へと上昇している。課税による価格の上昇は，需要の減少を招く要因になる。このため新たな市場の均衡は $e'$ で示される。均衡価格 $p'$ は需要曲線 dd と供給曲線 $s's'$ の交点 $e'$ となり，課税前に比べると価格が上昇（$p^*$ から $p'$）し，取引量

図13－4　消費税の負担

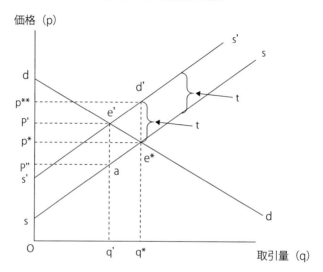

は減少（q*からq'）していることがわかる。消費税が導入されることによって
財の価格は上昇するが，一般的には課税された金額ほどは上昇することはな
い。その理由は，課税による価格上昇の影響の一部が需要を減少させるという
行動で吸収されるからである。

　図13－4で余剰について確認し，課税が与える市場の効率性への影響を明
らかにしよう。課税前は消費者の余剰は三角形の面積de*p*であり，生産者の
余剰はp*e*sである。社会的余剰は三角形の面積de*sに等しい。課税後は消費
者の余剰は三角形の面積de'p'であり，生産者の余剰はp"asである。課税に
よって政府が長方形の面積p'e'ap"だけの収入を得ていることがわかる。一方
で社会的な余剰の減少が三角形の面積ee*aだけ生じており，市場の効率性が
損なわれていることがわかる。

## （2）消費税の負担

　図13－4を用いながら，消費者と生産者のどちらがどれほど消費税を負担

するのかという問題についてみることにする。ここでは供給曲線はすべての
ケースで同じと仮定して，単純化のために極端な2つのケースについて取り上
げる。

　まずは政府によって従量税 t が導入され，財の価格が $p^*$ から $p^*+t$ だけ上昇
すると仮定する。同時にこのとき消費者はこの財の需要をまったく変化させ
ず，課税前と同じ需要を維持すると仮定する。つまり需要曲線が現在の位置で
固定されているような状況を考えればよい。図13-4において需要曲線を描
けば，一定の需要量で垂直に描ける点線 $d'q^*$ になっている。すると市場では
この需要曲線 $d'q^*$ と課税後の供給曲線 $s's'$ によって均衡価格と均衡取引量が
決められることになる。均衡価格は $p^{**}$，需要量が一定と仮定されているので，
均衡取引量も課税前と同じ $q^*$ である。

　このケースの余剰について図13-4を用いながら検討してみよう。消費者
は消費税の負担をすべて負っており，図では長方形の面積 $p^{**}d'e^*p^*$ である。
このとき生産者の消費税の負担はゼロであり，消費税の影響をまったく受ける
ことがない。この理由は需要曲線が垂直に描かれている，すなわち需要の価格
弾力性がゼロであり，価格が上昇しても需要を減少させないと仮定されている
からである。この場合，消費税の負担は完全に消費者が負うことを示してい
る。政府の税収は長方形の面積 $p^{**}d'e^*p^*$ であり，そのすべてを消費者が支払っ
ている。需要の価格弾力性がゼロに近いほど，つまり価格に対して需要が弾力
的でないほど，消費税の負担は消費者が負うことになる。

　あらためて消費税の負担について，一般的なケースを念頭に図13-4を用
いてまとめてみよう。消費税が導入されたとき，市場の均衡点 $e^*$ は消費税の
課税（$e^*$ から $d'$）から，消費税による需要の減少（$d'$ から $e'$）を経て新たな均衡
$e'$ に至ることになる。ここでの税の負担は需要サイドに注目すると，需要の価
格弾力性がゼロに近いほど消費者がその負担を多く負い，価格弾力性が大きい
ほど税の負担が小さくなるというものであった。図13-4でみると，税の負
担全体が t であり，（$p'-p^*$）が消費者の負担分，（$p^*-p''$）が生産者の負担
分になっている。税収でみると（$p'-p^*$）× $q'$ が消費者の負担分，（$p^*-p''$）

×q'が生産者の負担分となっている。需要の価格弾力性がゼロに近いほどこの負担が大きくなる。生活必需品などは一般に需要の価格弾力性が小さいので，消費税が導入されると消費者が大きな割合でその負担を負わなければならないという性質を持っている。消費税はすでにみたように社会的余剰の減少という意味で市場の効率性を損ねてしまう可能性があり，また生活必需品ほど消費者に重い負担を強いる性質があるので，その導入や実施・運用には経済的な弱者に配慮するなどのさまざまな付随する政策も併せて検討・実施されることが必要である。それは図 13 − 4 にある政府の税収 p'e'ap" がどのように使われるべきであるかという問題と関係してくる。


（宮阪雅幸）

─── 第**14**章 ───

# 消費社会の変容と課題

　経済社会の発展にしたがって，消費活動も変化していく。消費は家計による個人的な経済活動であるが，それは市場経済の維持に大きな役割を果たしているだけでなく，市場構造そのものを変えていく力を持っている。

　一方，消費は市場から大きな影響を受けている。人々は自由な市場で自らの判断にしたがって消費を行っていると考えられるが，必ずしも常に合理的に行動しているとは限らない。そこには，市場からのさまざまな圧力がある。消費生活の中で生じる問題は市場と密接な関係を持っている。

## **1**　消費社会の新たな変化

### （1）家事の市場化

　経済活動は市場を通じて行われるのが基本である。生活に必要な財・サービスの購入は，その多くが市場を通じて行われる。ただし，経済生活のすべてが市場で行われるわけではない。そこには，市場を通さない活動もある。図14－1に示されるように，社会全体の経済活動は3つの部分に分けることができる。市場における民間部門，政府部門，市場以外の民間部門である。

図 14 － 1　経済活動を構成する部門

| 市場における<br>民間部門<br>（家計・企業） | 政府部門<br>（中央政府・<br>地方自治体） | 市場以外の<br>民間部門<br>（家計・非営利団体） |
|---|---|---|

　一般に，経済活動を考察する場合，その対象は市場における民間部門と政府部門の２つである。経済活動の大きさを表す GDP もこの２つの部門の活動によって生み出された生産額を合計したものである。原則として市場以外の民間部門の活動の成果は，市場での取引がないので GDP には入らない。経済活動が行われているにも関わらず GDP に入らないものの代表は，家計における主婦の家事労働である。企業や政府で働く労働者の賃金は生産の成果として GDP に計算されている。しかし，家事労働は市場で取引がなされないために，生産があったとはみなされず GDP に入らない。レストランで料理を作ると，その労働に支払われた賃金は労働サービスの生産額として GDP に算入されるが，家庭で料理を作っても GDP には入らない。家庭内での炊事，洗濯，掃除，子育て，介護は多くの時間を要する労働サービスの提供であるが，市場取引がないので経済活動とはみなされないのである。一方，家族で外食すればそこに市場取引が発生し，それが GDP に算入されることになる。その意味で，社会生活のかなりの部分が市場以外の民間部門で行われているといえる。これは，家庭内だけに留まらず，地域社会や隣近所でのさまざまな助け合いも入る。今日，社会生活の安全，安心のために自助，公助以外の「共助」が注目されている。みんなで協力して清掃を行ったり，防犯パトロールを行うといった協力活動，さらにはフードバンクを通じた貧困家庭への食糧支援など無償による助け合いや支援も市場以外の経済活動といえる。このように，社会生活においては，GDP に入らない場面で経済活動が行われている現実もある。

　こうした市場以外の活動の一方で，現代における経済活動の特徴は，これまで家庭内で行われていた活動の多くが市場で行われるようになっているということである。現代では，多くの女性が結婚後も働いており，共働きの家庭が増えている。それにより，仕事に時間を使うために，従来の家事を市場に任せるようになっている。外食，弁当，総菜の購入により家事の手間を省くことができる。洗濯もコインランドリーで代替できる。育児についても保育施設に預けることにより外で働くことが可能になる。介護についても，介護施設の利用が増えている。

現代では，これまで主婦が家庭内で行っていたいろいろな家事労働を市場に任せるようになっている。こうして，これまで市場以外の民間部門で行われていた活動が市場部門に移っていく。それは，それだけ市場が拡大していくことを意味する。これが家事の市場化であり，現代の消費経済の特徴の一つであるといえる。

## （2）持続可能な社会と消費

　市場経済においては，供給より需要，生産より消費が重要であることを強調したのはケインズであったが，需要と供給のバランスの問題は，いつの時代においても資本主義経済が直面する最も重要な問題である。戦前においては，供給と需要のバランスが崩れることで，資本主義経済は周期的な景気変動を繰り返していた。しかし，戦後においては，戦前のような深刻な不況を経験することがなくなった。政府の総需要管理政策により供給に応じた需要の調整が可能になったことがその一因であるが，企業のマーケティング活動を通じた消費の創造も大きな役割を果たしているといえる。

　戦後の市場経済は，戦前の戦争経済に見られたような軍事支出に依存することなしに深刻な不況を回避し，大量生産・大量消費を通じて長期にわたる経済成長を実現することができた。それにより，人々の所得水準は増加し，消費生活を向上させることができた。経済成長にともない，人々は多様な消費財の購入を通じて消費生活をより豊かなものにしていった。しかしながら，消費財の購入を通じた豊かさの追求は，市場システムに新たな問題を生み出すことになる。その一つは，大量生産・大量消費にともなう環境の悪化である。大量生産は，その過程で使用される化学物質の廃棄により環境に深刻な影響を及ぼすことになる。日本でも高度成長期に産業公害が大きな問題となった。大量消費も大量の廃棄物を生み出す。それによるゴミの処理は大きな社会問題である。

　現代では，生産・消費の過程で発生する廃棄物が一国のレベルを超えて全世界的な規模で環境汚染を引き起こしている。世界中で頻発する大洪水，寒波，熱波は日常生活を脅かすようになっている。これは，経済成長にともなう二酸

図14－2　成長を制約する要因

化炭素（$CO_2$）の排出量の増大により地球の温暖化が加速したためといわれている。世界の海で問題となっているプラスチックによる海洋汚染は，今より次の世代に大きな災害をもたらすとみられる。経済成長にともなう環境汚染は，社会の持続的発展に制約を課すことになる。

　もう一つの問題は，資源の大量使用である。1972年にローマクラブが『成長の限界』という報告書を発表し，その中で資源・エネルギーの有限性の問題を指摘した。消費経済の拡大は多くの資源を必要とする。しかし，資源は偏在しており，しかも有限である。したがって，何らかの理由で不足する場合には，資源価格の上昇を引き起こす恐れがある。環境汚染，資源の制約は社会の持続的可能性を脅かすことになりかねない。

　現代の消費者はこうした状況に敏感に反応している。消費者の間で環境に配慮した消費が重視されるようになっている。スーパーではレジ袋がマイバッグに代わり，環境にやさしい商品の選択が行われるようになっている。企業の側も，環境に配慮した商品を提供しないと消費者に選ばれないことを認識するようになっている。

　リユース，リサイクルといった形での資源の再利用も進んでいる。それは，消費を商品の私的な所有と考える消費社会をこれまでとは違った社会に変容させる動きでもあるといえる。

# 2　変わる消費行動

## （1）応援消費

　市場経済における消費活動は，自分のお金で自分の満足を得るために財・サービスを購入するという意味で個人的な行為であるといえる。消費は満足を

得るために行われるものであるから，お金を支払っただけの見返りが求められる。お腹が減ったときには，お金を支払うことによって，パンやラーメンが手に入り，それを食べることで満足が得られる。音楽を聴いたり，映画を観るのも同じであり，対価を支払うことでそのサービスを受けることができる。

　対価を求めないお金の支払いもある。寄付である。社会のために自分のお金を役立てて欲しいという行為は，見返りを求めない形での支出である。これはお金以外の場合もある。ボランティアである。無償の奉仕により困っている人を助けるケースがこれにあたる。

　現代では，寄付やボランティアとは異なり，支出に対して見返りを求めながら，それが自分のためだけでなく，他人の役に立つような消費が注目を集めている。応援消費である。それは，消費を通じた社会貢献であり，消費することで，困っている人や困っているお店を助けるということである。具体的には，風評被害に遭って売れない商品を買うことで生産者を助けるとか，台風の被害で売り物にならないりんごを買うといったことである。さらに，団体客のキャンセルで困ったホテルに宿泊するといったことも応援消費になる。その範囲はあらゆるものに及んでおり，コロナ禍でステージに立てないアーティストの支援も応援消費になる。地域の活性化やそこに住む人，社会，環境に配慮したエシカル消費も応援消費といえる。

　お金を出して財・サービスを購入するという点では消費であるが，それにより困っている人の役に立つという点で従来の消費とは異なっている。消費を通じた支援である。そこでは，なぜそれを買うのか，なぜそこで買うのかが意味を持つのであり，単にモノを購入して消費するだけでなく，社会の問題に自分も参加して共感を得るところに新たな満足を見出すということである。返礼品をもらうことができる「ふるさと納税」も応援消費の一つといえる。

　多くの人が誰かの役に立ちたいという気持ちを持っているが，それを実行する機会はそれほど多くない。寄付はその一つであるが，お金がどのような形で役に立っているのか不明な場合が多い。寄付行為そのものが売名行為と受け取られたり，赤い羽根募金のように寄付がいわば義務化されている場合もある。

それに対して，応援消費は消費行為でありながら，それが他人の役にも立つ。しかも，商品だけでなく，他人の役に立ったという満足感を得ることができるという形での見返りもある。

　お金を使う意味が，個人的な満足を超えて社会的貢献にまで広がってきたのは，2011 年の東日本大震災やコロナ禍といった未曽有の大災害の経験が人々の中に社会貢献の必要性を生み出した面もあるといえよう。これもまた消費社会の変容の一つとみることができる。

## （2）ウィズコロナと消費

　2020 年 3 月以降，コロナ禍により経済活動は停滞し，消費も大きく落ち込んだが，ワクチン接種が進み，コロナ対策も進む中で，家計も企業もコロナと共存しながら経済活動を正常な形に戻しつつある。「ウィズコロナ」である。

　コロナも一種の災害と見ることができるが，1990 年代後半以降，経済活動が停滞する中で，日本はそれまでに経験したことのないような自然災害に度々見舞われることになった。1995 年 1 月の阪神淡路大震災，2011 年 3 月の東日本大震災が最も代表的なものであるが，それ以外にも，生活を脅かすような地震，台風，豪雨，さらには記録的な猛暑といった災害が日常的に発生している。そうした中で，ウィズコロナに見られるように，場合によっては，災害との共存が求められる時代になっている。それは人々の消費生活にも変化をもたらす。

　2020 年 3 月以降，コロナにより人々は外出自粛や 3 密回避のために，消費活動を極端に抑制されることになった。中でも最も厳しい制限が課されたのが，2020 年 3 月〜 6 月と 2021 年 1 月〜 2 月に発出された非常事態宣言である。各種のイベントが中止になり，デパートも営業を停止し，飲食業の営業時間や酒類の販売が規制された。また，観光立国を目指し拡大しつつあった観光関連産業も縮小せざるをえなくなった。小学校〜大学まで対面授業からリモートによる自宅での学習に切り替えられた。仕事についても，リモートワークを導入する企業が増えた。

　コロナ禍は家計の消費行動にも大きな変化をもたらした。それは，自宅内での消費を増やしたということである。外食が自宅での中食に切り替わる。旅行や習い事が自粛され，自宅で過ごす時間が長くなる。そこに巣ごもり需要が生まれることになる。それに対応して，自宅にいながらにして消費を継続するために利用が増えたのがインターネットの利用である。

## （3）インターネットの利用

　21世紀に入り，パソコンやスマートフォンの普及により，インターネットを利用した消費財・サービスの購入が増えているが，コロナをきっかけにして一層利用が高まることになる。それは，食料品の購入だけでなく，家電，家具，衣類，ゲームソフトと広い範囲に渡っている。利用する年代も若者だけでなく，幅広い年代に及んでいる。

　インターネットを利用した消費財・サービスの購入は，コロナ対策でもあるが，コロナを超えて，今後一つの消費スタイルとして定着する可能性がある。それは，ネットによる購入の利便性にあると思われる。ネットを利用する人が感じるメリットとしてあげられるのが，「いつでも注文できて，すぐに届く」，「自宅に配送してくれるから便利」，「重いものを持たなくて済む」といったことである。これは若者から高齢者まで等しく感じる利便性であると思われる。とくに，コロナをきっかけに拡大したリモートワークは，仕事も買い物も自宅で済ませるという生活スタイルと親和性を持つと考えられる。キャッシュレス決済と，その利用にともなうポイントの付与もネット利用の効用を高めるとみられる。売手であるスーパーでも，「ネットスーパー」という形で消費者の購買行動の変化に対応し始めている。

　ただし，商品によっては，ネット利用への信頼度が問題となる場合もある。一般的に，若者はネットへの信頼度が高いが，中高年は不安を感じる人も多い。具体的には，個人情報の漏洩やその悪用の心配，購入した商品・サービスが思ったものと違う場合の問題，望まない広告が送られてくる，等である。キャッシュレス決済にともなうトラブルもある。こうした問題は改善していか

なければならないが，その利便性は消費行動を変える可能性を示唆しているといえる。そこには，「アドボケイト」と呼ばれるネットユーザーによる商品の評価・推奨もある。インターネットを通じて消費者が消費者に商品の情報を提供するというものである。これも新たな消費スタイルのひとつといえよう。

# 3　消費社会の課題

　市場では，企業の生産が経済の拡大を牽引するが，それは家計の消費による需要の増大があってはじめて可能になる。市場は消費を促すために人々の欲望を刺激し，消費に新たな意味を持たせようとしている。それは人々にさらに消費の必要を感じさせ，絶え間ない消費へと駆り立てるものでもある。そうした動きは，目に見えない圧力となって消費者に迫ってくる。経済の発展にともなって大量の消費財が人々の生活の中に流れ込むことで，生活は豊かになるが，一方でそれが消費活動の不安定化の要因にもなっている。こうした観点から消費社会をみるとき，市場における消費活動の現実をあらためて確認する必要があるといえる。

## （1）消費者主権
　経済活動は自由な市場で行われることが原則であり，人々は自らの合理的な判断にもとづいて行動すると想定されている。消費者が必要とするものが市場の需要を形成するのであり，それに応えて企業が生産を行う。企業にとって消費者に評価されるものを生産することで売り上げを増大させることができる。生産・消費の拡大は経済を繁栄させ，消費生活をより豊かにする。これが自由な市場における消費者主権とそれにもとづく社会的厚生の増大である。そこには，家計と企業が市場の両輪として相互に豊かさを高め合う構図が想定されている。

　経済学の父と呼ばれるアダム・スミスは，1776年に書いた『国富論』の中で「消費こそがすべての生産の唯一の目的であり，生産者の利益は消費者の

利益を図るために必要な範囲でのみ考慮されるべきである」(A. スミス『国富論』邦訳，250ページ) と述べている。つまり，経済活動の究極の目的は消費にあるということである。しかも，「これはまったく自明な点なので，証明しようとすることすら馬鹿げているといえるだろう」(A. スミス『国富論』邦訳，250ページ) と述べている。つまり，市場では，消費者主権が前提であるということである。

## （2）依存効果

　しかしながら，現代においては，消費者は経済活動の主権者になっているとは限らない。この消費者主権に大きな疑問を投げかける本が，1958年に出された。ジョン・ケネス・ガルブレイスの『ゆたかな社会』である。1950年代のアメリカは大量生産により豊かな消費社会を実現していた。しかし，大量生産したものは大量に売りさばかなければならない。それは消費者自身の必要を待っていたのでは実現されない。生産者自らが需要を創造していく必要がある。そこで強力な手段となるのがマーケティングであり，広告・宣伝である。消費を促すためには，企業による需要の創造が必要になる。それは消費が生産に依存することを意味する。ガルブレイスはこれを依存効果と呼んだ。家庭に溢れる家電製品が豊かさの象徴であるとしても，消費者は必ずしも必要のないものまで買わされている可能性がある。そこには経済活動の主権が消費者から生産者に移っているという現実のあることをガルブレイスは指摘したのである。

　この指摘は現代の経済にも当てはまる。テレビや雑誌だけでなく，インターネット上でのコマーシャルの影響も大きい。それは消費者の必要を超える欲望を作り出す。ガルブレイスの指摘した問題は，現代においても重要性を失っていない。市場経済は効率性を追求するシステムであり，それにより成長を実現していく。たしかに，経済成長により人々の所得は増加し，消費は拡大する。しかし，それは本当に人々の消費生活を豊かにしたのかどうかについては，改めて考えてみる必要がある。

## （3）消費社会の神話

　社会学の視点から消費社会の問題を提起したのがボードリヤールの『消費社会の神話と構造』（1970年）である。ボードリヤールは，消費の社会的な意味を考究することで，現代社会の抱える病理を解明しようとした。

　ボードリヤールは，消費の意味を単なる生活の必要を満たすためということではなく，社会における活動の中にある何ものかに見出だそうとしている。現実の社会においては，消費は人間の絶対的な必要を超えてなされているが，個人が本当に生きていると感じられるのは，必要を超える浪費とも呼ぶべき消費によってであるとボードリヤールは指摘する。また，社会において人々の興味をそそるのも，浪費家による並外れた生活や出費である。

　消費を生み出すのは欲求であるが，それは単にモノを求めているのではなく，社会的な価値を求めているとボードリヤールは言う。消費とはそこから満足を享受するために行われるのではなく，買ったものを他人に見せることで，その価値を感じてもらうためであると考えることができる。例えば，ブランド品のバッグや靴を買うのは，そうした高価な品を買えるだけの所得があることを知ってもらうためである。高価な洋服を着るのは，高所得者であることやファッションセンスの良さを認知してもらうためである。ここに消費の目的がある。そうだとすれば，消費とは単に財・サービスを買うことで自己の満足を享受するためではなく，それを通じた自己表現の手段であるといえる。その意味で，消費は社会的コミュニケーションの手段の一つであり，消費財はそれを伝えるための一種の記号であると見ることができる。

　消費するモノの社会的な評価については，人々の間に事前の了解のあることが前提になる。それゆえ，消費の動機は，自分が欲しいものを買うのではなく，他人が欲しいと思っているものを買うことで他人から評価してもらえることにあるといえる。人々は社会的なコミュニケーションを求めて欲求を満たそうとしているのであり，自分自身の欲求を満たすためというのは神話に過ぎない。そこでは，人々は機能ではなく，意味にお金を払うのである。それは他人との差異を確認するためのものである。

　そうであるとすれば，消費社会は自分だけでは成り立たない。消費は社会的なコミュニケーションのシステムの中でこそ意味がある。その意味で，人々は消費を通じた価値の生産と交換の普遍的なシステムの中に組み込まれている。消費は社会化されたものであり，消費者の個人的な欲求の満足のためのものではない。ボードリヤールはさまざまな事例を取り上げてそのことを説明している。その一つの例がダイエットである。肉体の美しさが痩せこけたモデルによって示されると，ダイエットが社会の至上命令になり，消費者を痩せて美しくなる行為へと向かわせることになる。そこでは自分の肉体を美的目的のために屈服させ，痛めつけることが消費の目的になる。それは美しさにおける差異の追求である。

　消費は社会的な現象である。とくに，都市化が進み，人口が集中する都会においては人々の差異化への欲求は際限なく拡大され，それが生産システムに組み込まれている。そうした中で，販売を拡大するために，コマーシャルはその差異衝動を標的にしている。人口の多い都市では差異化への刺激効果が大きい。生産システムは，つねに欲求を作り出し，人々を心理的窮乏化へと追い立てる。さらに，他人より優位でありたいという人々の間の社会関係も欠乏感を増大させることになる。なぜなら，消費はすべて他の人々の消費との関係で相対化されているからである。結果として，消費の社会的機能と組織的構造は個人レベルを超えた無意識的な社会的強制として個人に押し付けられることになる。

　ガルブレイスが依存効果に着目して，企業による欲望のコントロールを問題にしたのに対して，ボードリヤールは消費者の社会的な欲求とそれを利用する生産者の行動に分析の焦点を当てている。そこから，消費社会の問題は，企業による宣伝・広告の問題を解決すれば解消される類の問題ではないという見方が成り立つことになる。ボードリヤールが指摘するように，これはガルブレイスが見落とした視点である。

　現実世界では，経済，知識，欲望，肉体，衝動などあらゆるレベルで競争原理が働いており，すべてのものが差異化の絶え間ない過程の中で活動してい

る。こうした社会の中で，「消費社会の主役たちは疲れきっている」（ボードリヤール『消費社会の神話と構造』邦訳，296ページ）とボードリヤールはいう。その結果として，欲求と渇望の間の内面的ひずみに不平等という社会的なひずみが重なり，この社会は敵対関係に満ちた，バラバラで居心地の悪い社会となっているとボードリヤールは述べている。現代社会の問題を消費という視点からみるとき，ボードリヤールの指摘にも目を向ける必要があるといえる。

## （4）幼稚化する消費者

　2007年にアメリカの政治学者，ベンジャミン，R.バーバーによって『消費が社会を滅ぼす?! ―幼稚化する人々と市民の運命』という本が書かれた。その本において，バーバーは政治学の立場から消費市場に内在する問題を考察している。

　資本主義経済が需要によって維持される経済システムであることを前提とすれば，いつの時代でも需要の創造が発展の源泉であるといえる。戦前には軍事支出がそれを支えたが，第二次世界大戦後は消費がそれを担うことになったといえる。それは消費による豊かさの追求でもあった。しかも，ハンバーガーやコーヒー・清涼飲料水に象徴されるように，現代の消費は一国の範囲を超えてグローバルな規模で拡大している。

　消費を拡大し，大量に生産したものを大量消費に結びつけるには大量に販売する必要がある。同じ商品を大量に販売するためには，本来，異質な個人的嗜好を等質的嗜好に変える必要がある。その役割を果たしているのが，広告・マーケティングである。広告・マーケティングは，多くの消費者に購入の動機を与え，明白なニーズのない商品を売り込むことを可能にする。しかも，世界的な規模で大量販売を可能にするためには，大人よりも子供にターゲットを絞る方がより効果的である。大人の持つ思慮分別は購買を躊躇する方向に作用する可能性を持つが，欲望の刺激に単純に反応する子供の購買行動は直線的である。それだけに，子供に向けた販売が有効である。しかも，現代の子供はお金を持っている。両親だけでなくその祖父母も入れると6つのポケットを持って

いるといわれる。販売拡大のためには，単純でものを欲しがる子供を親から引き離す戦略も重要となる。大人は所得，文化，宗教，風土などによってニーズが異なるが，スマホ，ゲーム，音楽，洋服，ファストフードにみられるように，子供が好きなものは世界共通である。子供をターゲットにする理由がここにある。

　さらに，注目すべきことは，大人を子供化することで大人にも子供のような単純化した欲求を持たせることができるということである。洋服の若者化，化粧品による若返りなど，若くありたいという大人の欲求を刺激することで消費の拡大が可能になる。かつては，子供が分別ある大人になりたいと望んだが，現代では大人，高齢者自身がより若く，子供っぽくなりたいと望んでいる。

　こうした風潮の中で，現代のマーケティングは大人を幼稚化させ，若い消費者のままでいるようにさせている。そのために，現代の消費市場は複雑で時間のかかる消費行為を簡単で安易なものへと変えている。ファストフードも電子レンジもインスタントコーヒーも素早いことが評価されている。スポーツでさえ簡単で手っ取り早いルールに変更されている。新聞も難しいニュースは扱わなくなっている。消費者は複雑で難しいものを好まない。

　その結果，大衆は幼稚化し，ものを深く考えなくなっている。バーバーはそこに資本主義社会の危機を感じている。人々は長い時間をかけて教育，経験，デモクラシーによって市民権を確立し，自己本位から利他主義を学び，子供から大人になっていった。それは複雑で困難な過程を必要とする。現代は困難より安易，複雑より単純，スローよりファストが好まれる，それは大人エートスから子供エートス，幼児エートスへの転換である。社会に責任と関心を持つ市民社会は自由なデモクラシーを通じて築かれてきたが，それは忍耐と深い思考を必要とする。現代における消費資本主義の幼児エートスはそれを壊してしまう危険があるとバーバーは指摘している。

## （5）コトラーの指摘

　現代における消費活動の再考察は，マーケティング研究の側からもなされて

いる。マーケティング研究に関する世界的権威であるフィリップ・コトラーが2015年に『資本主義に希望はある』という本を書いた。そこには「私たちが直視すべき14の課題」という副題が付けられている。コトラーは，この本の中で資本主義経済の持つ14の欠陥を指摘し，それを克服することで人々の生活を向上させ，よりよい経済社会を構築する道を模索する必要のあることを指摘している。

コトラーは，この本の第12章「マーケティングの功と罪」において，アメリカでは自由な市場において消費者の好むものが販売されているが，人々の欲求は決して満たされることがない。なぜなら，そこには広告による際限のない欲望の刺激があるからであると述べている。広告は人々に物足りなさを感じさせ，その穴を埋めるように消費に走らせる。そこでは人々は「我消費する。ゆえに我あり」というように，消費によって自己を確認せざるを得なくなる。この指摘は，ボードリヤールの『消費社会の神話と構造』を想起させるものである。

さらに，コトラーは，人々は広告の刺激により所得を上回る消費をせざるを得なくなるが，そこには銀行のクレジットが用意されている。それは消費が銀行の収入源となることを意味している。消費を追い求める社会は，結果として過剰な消費，過剰な借金を抱えることになると指摘している。消費は支出をともなう。将来に渡り十分な所得が期待できればよいが，市場は消費を求める一方で，雇用・所得は保証してくれない。ここに消費社会の不安定さの要因があることを考える必要があるといえる。

## （6）カモ釣り場

現代の消費社会については，経済学者からも疑問が出されている。2015年，ノーベル賞経済学者のジョージ・A. アカロフとロバート・J. シラーによって，『不道徳な見えざる手―自由市場は人間の弱みにつけ込む』という本が出された。この本で，アカロフとシラーは，市場においては合理的に行動するはずの消費者が，企業による情報操作や心理的操作によって驚くほど誤った判断を強

いられるケースがあることを指摘している。

　市場では，消費者は合理的な判断による行動を原則としている。それによって，欲しいものを手に入れることができる。しかし，必要が満たされる現代にあっては，人々は自分が本当に求めるものが何であるか自分でもわからないという弱みがある。市場はそうした弱みにつけ込む機会を利用して，人々をカモとして釣り上げようとしている。市場には魚釣りのルアーが仕掛けられている。

　市場における自由な競争は人々の消費生活を豊かにしてくれるが，一方で同じ市場が相手を犠牲にしてでも自分が儲かるものを作り出す傾向を持つ。そこでの問題は，釣りは釣り師にとっては利益になるが，標的になる消費者の利益にはならないということである。さらに，より根本的な問題は，企業自体が市場での生き残りをかけて釣りをやらざるを得ない状況にあるということである。

　アカロフとシラーは，市場における自由な競争の中に人々の合理的な行動を誤らせるような要素が含まれていることを指摘している。競争的な市場は，単に人々が求めるものを供給するための競技場に留まらない。そこはまたカモ釣りの競技場でもある。この指摘は，消費社会の問題を市場自体の問題として再検討する必要があることを示唆するものであるといえる。

# 4　消費と経済社会

　市場経済においては，供給能力の拡大を支えるために供給に見合う需要の創出が求められる。経済分析の視点からいえば，供給と需要のバランスのとれた増大は市場経済の発展を支えるために不可欠な要件である。しかしながら，経済活動がもたらす消費社会の変容は，消費者主権の喪失以外にもさまざまな課題を生み出している。

## （1）セーフティーネットの概念の変化

　高い成長が維持できた時代には，生産拡大と人手不足を背景として終身雇用，年功賃金が維持されてきたために，家計は所得の持続的な増加に確かな期待を持つことができた。それは消費の増加を促し，成長を支える役割を果たすことになった。企業による長期雇用慣行にもとづく雇用と所得の保障は，社会保障制度が十分に整備されていない中で家計の経済生活を支えるという意味で，社会的なセーフティーネットの役割を果たすという側面も持っていた。

　しかし，バブル崩壊後の低成長経済において，中高年労働者に係る人件費の増加や生産性の低下という問題に直面した企業は，長期雇用慣行を修正し，非正規雇用を増やすことで人件費の圧縮を図ってきた。それは家計にとって企業による雇用・所得の確保という意味でのセーフティーネットの喪失を意味するものである。その一方で，新たな形でセーフティーネットの構築が模索されている。それは，新たな成長分野への雇用の転換である。成長のためには先端分野におけるベンチャー企業の創出が必要とされるが，それは，そこで働く労働者の増加も必要とする。新たな成長産業のための労働の増加は転職によって可能となる。この創業と転職が経済活性化のカギになるとみられている。

　市場の機能を高め，経済を活性化させるためには，経済成長の要件である資源・労働の成長産業への移動を必要とする。そのためには，労働者もリスクをとって積極的に対応することが求められる。市場が活発に機能することで，生産が高まり，雇用機会が増える。それは雇用・賃金の上昇を可能にするので，結果として家計の所得増加につながることになる。その意味で，個々の企業や労働者がリスクをとり，競争市場を活発に機能させることが社会にとってセーフティーネットになるということである。それは，従来の企業における「雇用セーフティーネット」に代わる，「市場型セーフティーネット」といえる。ここに，労働市場の流動化が主張される根拠があるといえる。

## （2）エンプロイヤビリティと雇用

　成長戦略を実現するためには，人的資本としての労働の流動化が必要とな

る。しかし，市場において自らの選択で転職し，新たな職場で働くことには大きなリスクがともなう。それについては，労働者個人を支援するための求職・求人情報の整備や職業訓練制度の拡充が求められる。また，働いている人たちが必要に応じて大学などの教育機関で学び直すリカレント教育や，技術革新やビジネスモデルの変化に対応するためのリスキリングが必要とされている。こうした支援の下で，個人がリスクをとって転職することにより，市場はその機能を高めることができるということである。

　この労働の流動化の前提は，労働者が自らの努力でエンプロイヤビリティ，つまり「雇われる能力」を高めるということである。どのような能力を身につけるかということは労働者個人の選択と責任に任されている。低成長下において，企業の長期雇用慣行が崩れている現実において，産業構造の転換のために労働者のエンプロイヤビリティの向上が求められるということである。

　しかしながら，雇われる能力を高めるためのリカレント教育やリスキリングには，大きな課題があることも見逃してはならない。個人に求められるエンプロイヤビリティが雇用とどのように結びつくかという問題である。職業訓練が必要だとしても，それが実際の雇用に結びつく保証はない。

　職業訓練には，雇用前の初期訓練と雇用後の内部訓練の2つがあるが，いずれにしても訓練を受ける労働者にとって最も重要なことは，職業訓練が雇用拡大や適切な職場内の処遇につながるということである。そのためには，訓練内容の適切さや訓練を受けた労働者の評価の適切さが重要となる。そのいずれも雇用する側の企業の関与が不可欠となる。

　従来，日本の企業は訓練を企業内で実施し，それをもとにして転勤，配置転換を実施してきた。それは，内部労働市場においてエンプロイヤビリティと雇用が効果的にリンクしてきたことを意味している。ただし，そこにはエンプロイヤビリティを持つ外部の労働者を雇うチャンスを逃してきたというジレンマもあった。

　現在，人件費を抑制するために非正規雇用を増やす一方で，急速な技術の変化に対応するために労働者のエンプロイヤビリティの向上が求められている。

それは市場システムの効率的な運行のための労働流動化の要請に応えることでもある。ここでの問題は，それが雇用と賃金の安定につながるかどうかということである。たとえ，エンプロイヤビリティが高まるとしても，そこに企業の適切な関与がないと，単により高い賃金を求めての転職や他企業による能力ある労働者の引き抜きが生じる可能性がある。それは，結果として雇用を不安定にし，市場型セーフティーネットが有効に機能することを妨げることになる。

　雇用環境を安定的に維持していくためには，現在の内部労働市場を維持しながら，エンプロイヤビリティを外部に広げていく必要がある。その一つの可能性は，「ジョブ型」雇用の採用であろう。企業における働き方には，大きくわけて「メンバーシップ型」と「ジョブ型」がある。メンバーシップ型は，企業や官庁といった特定の組織に所属しながら，その中でキャリアを形成する働き方であり，「ジョブ型」は特定の仕事や専門性についてキャリアを形成するものである。日本では多くの労働者がメンバーシップ型の働き方をしている。転職の可能性を考慮する場合には，「ジョブ型」の採用を検討する必要があろう。ジョブ型には，専門職の導入により企業内部でキャリアを積み重ねていくことができるとともに，転職の際に労働者の能力を客観的に評価して提示することが可能になるというメリットがある。

　現在は，リカレント教育やリスキリングにより転職，再雇用の可能性を探るという動きだけが先行しているが，それが雇用・賃金の安定につながらない限り，そのしわ寄せは家計に向かうことになる。それは結果として，消費を不安定化させることになるといえる。

## （3）市場経済と社会の不安定化

　現代の消費社会は不安定化を内包している。バーバーは，『消費が社会を滅ぼす?! ―幼稚化する人びとと市民の運命』において，市場では，大量販売を実現するために，地域の文化や慣習の違いを取り払い，等質的な嗜好を強制する力が働いていることを指摘している。

　現実の社会は，単なる家計の集合体ではない。そこには，その地域に根づい

た歴史，文化，伝統，慣習があり，そこに家族，自治体，学校などが結びつい
て一つのコミュニティを形成している。そこでは，地域に応じた社会的価値が
共有されており，それを通じて人々はコミュニティに対する帰属意識を持つこ
とができる。地域社会の安定性は，その社会の文化や慣習を通じて保たれてい
るといえる。しかし，市場を通じて大量販売を実現しようとする圧力は，コ
ミュニティを形成している文化や社会的規範を壊してしまう可能性がある。そ
れはコミュニティを崩壊させ，社会の持つ倫理的力を低下させることで，社会
を不安定化させる要因となりかねない。

　そうした中でなお，需要を生み出すエンジンとして，消費の増加だけが期待
されるとするなら，その矛盾は家計にのしかかることになる。企業が供給する
ものは消費者にとってプラスの効用を生み出すものであるということが生産活
動の前提にあるとしても，生産が消費者の生み出す無限の欲求を必要とすると
いうことであるなら，そこには社会を豊かにする一方で，社会を不安定にする
要因が内在するといわざるをえない。健全な家計の発展のために，家計を取り
巻く消費社会の現実を今一度確認する必要がある。

**参考文献**

佐伯啓思・松原隆一郎編著（2002）『新しい市場社会の構想』新世社。
見田宗介（1996）『現代社会の理論』岩波新書。
Akerlof, George A. and Shiller Robert J. (2015) *Phishing for Phools : The Economics of Manipulation and Deception*, Princeton University Press. 山形浩生訳（2017）『不道徳な見えざる手—自由市場は人間の弱みにつけ込む』東洋経済新報社。
Barber, Benjamin R. (2007) *Consumed : How Markets Corrupt Children, Infantilize Adults, and Swallow Citizens Whole*, W. W. Norton. 2007. 竹井隆人訳（2015）『消費が社会を滅ぼす?!—幼稚化する人びとと市民の運命』吉田書店。
Baudrillard, Jean, (1970) *La Societe de Consommation: ses mythes ses structures*, Gallimard, 今村仁司・塚原史訳（1979）『消費社会の神話と構造』紀伊国屋書店。
Galbraith, J. K. (1956) *The Afluent Society 2nd edition. revised* : Boston, Houghton Mifflin. 鈴木哲太郎訳（1970）『ゆたかな社会　第二版』岩波書店。
Kotler, Philip (2015) *Confronting Capitalism*, AMACOM. 倉田幸信訳（2015）『資本主義

に希望はある』ダイヤモンド社。

Smith, A.（1776）*An Inquiry into the Nature and Couses of the Wealth of Nations*, reprinted in R. H. Cambell and A. S. Skinner（eds）山岡洋一訳（2007）『国富論　上・下』日本経済新聞社。

（関谷喜三郎）

# 索　　引

《著者紹介》（執筆順）

**関谷喜三郎**（せきや・きさぶろう）担当：第1章～第4章，第14章
　※編著者紹介参照

**髙木　聖**（たかぎ・さとし）担当：第5章，第6章
　東京工芸大学 芸術学部　基礎教育主任教授・学修支援センター長
**主要業績**
　『はじめて学ぶ金融論』共著，慶應義塾大学出版会，2004年
　『金融と消費者』共著，慶應義塾大学出版会，2009年
　『たのしく学ぶ消費経済』共著，創成社，2022年

**安田武彦**（やすだ・たけひこ）担当：第7章，第8章
　日本大学商学部教授
**主要業績**
　"Regional Revitalization through Cultural Innovation and Creativity Development", In.
　　Mitsuru Kodama (ed), *Developing Boundaries Knowledge for Innovation*, Edward
　　Elgar, 2020.
　"Industrial Innovation with Ma Thinking: Lessons from Sigapore's Economic
　　Development", In. Mitsuru Kodama (ed), *Ma Theory and the Creative Management
　　of Innovation*, Palgrave Macmillan, 2017.
　『はじめて学ぶ経済学　第3版』共著，慶應義塾大学出版会，2022年

**松本竜一**（まつもと・りゅういち）担当：第9章，第10章
　千葉経済大学経済学部准教授
**主要業績**
　「マーケティングの移り変わりとアートの受容態度に関する考察」『消費経済研究』第8
　　号（通巻 第40号）pp, 13-25，日本消費経済学会，2019年
　『マーケティング論』共著，弘文堂，2022年
　『マーケティング概論』共著，学文社，2023年

**宮阪雅幸**（みやさか・まさゆき）担当：第11章～第13章
　中央学院大学商学部教授
**主要業績**
　『消費経済理論』共著，慶應義塾大学出版会，2005年
　『経済と消費者』共著，慶應義塾大学出版会，2007年
　『数式で学ぶ経済学〔三訂版〕』単著，税務経理協会，2020年

《編著者紹介》

**関谷喜三郎**（せきや・きさぶろう）担当：第1章～第4章，第14章

1950年生まれ。1973年日本大学経済学部卒業，1978年同大学院商学研究科博士課程修了。現在，日本大学名誉教授。日本消費経済学会会長，国家公務員試験専門委員等を歴任。

**主要業績**

『ケインズとケインジアンのマクロ経済学』共訳，日本経済評論社，1990年。
『ミクロ経済学』創成社，2001年。
『マクロ経済学』共著，創成社，2007年。
『マクロ経済の分析』共著，慶応義塾大学出版会，2009年。
『経済学の歴史と思想』共著，創成社，2012年。
『ケインズ　最も偉大な経済学者の激動の生涯』共訳，中央経済社，2017年。
『消費需要と日本経済』創成社，2019年。
『たのしく学ぶ消費経済』共著，創成社，2022年。

（検印省略）

2024年4月20日　初版発行　　　　　　　　略称―現代消費

# 現代消費経済論

編著者　関谷喜三郎
発行者　塚田尚寛

発行所　東京都文京区　　**株式会社 創成社**
　　　　春日2-13-1

電　話　03（3868）3867　　ＦＡＸ　03（5802）6802
出版部　03（3868）3857　　ＦＡＸ　03（5802）6801
http://www.books-sosei.com　振　替　00150-9-191261

定価はカバーに表示してあります。

組版：スリーエス　印刷・製本：鳩

落丁・乱丁本はお取り替えいたします。

———————— 経済学選書 ————————

| | | | |
|---|---|---|---|
| 現 代 消 費 経 済 論 | 関 谷 喜三郎 | 編著 | 2,700 円 |
| た の し く 学 ぶ 消 費 経 済 | 関 谷 喜三郎<br>高 木 聖 | 著 | 2,000 円 |
| 社 会 保 障 改 革 2025 と そ の 後 | 鎌 田 繁 則 | 著 | 3,100 円 |
| 投資家のための「世界経済」概略マップ | 取 越 達 哉<br>田 端 克 至<br>中 井 誠 | 著 | 2,500 円 |
| 現 代 社 会 を 考 え る た め の 経 済 史 | 髙 橋 美由紀 | 編著 | 2,800 円 |
| 財 政 学 | 栗 林 隆<br>江波戸 順 史<br>山 田 直 夫<br>原 田 誠 | 編著 | 3,500 円 |
| テ キ ス ト ブ ッ ク 租 税 論 | 篠 原 正 博 | 編著 | 3,200 円 |
| テ キ ス ト ブ ッ ク 地 方 財 政 | 篠 原 正 博<br>大 澤 俊 一<br>山 下 耕 治 | 編著 | 2,500 円 |
| 世 界 貿 易 の ネ ッ ト ワ ー ク | 国際連盟経済情報局<br>佐 藤 純 | 著<br>訳 | 3,200 円 |
| みんなが知りたいアメリカ経済 | 田 端 克 至 | 著 | 2,600 円 |
| 「復興のエンジン」としての観光<br>―「自然災害に強い観光地」とは― | 室 崎 益 輝<br>橋 本 俊 哉 | 監修・著<br>編著 | 2,000 円 |
| 復興から学ぶ市民参加型のまちづくりⅡ<br>―ソーシャルビジネスと地域コミュニティ― | 風 見 正 三<br>佐々木 秀 之 | 編著 | 1,600 円 |
| 復興から学ぶ市民参加型のまちづくり<br>― 中間支援とネットワーキング― | 風 見 正 三<br>佐々木 秀 之 | 編著 | 2,000 円 |
| 福 祉 の 総 合 政 策 | 駒 村 康 平 | 編著 | 3,200 円 |
| マ ク ロ 経 済 分 析<br>― ケ イ ン ズ の 経 済 学 ― | 佐々木 浩 二 | 著 | 1,900 円 |
| 入 門 経 済 学 | 飯 田 幸 裕<br>岩 田 幸 訓 | 著 | 1,700 円 |
| マ ク ロ 経 済 学 の エ ッ セ ン ス | 大 野 裕 之 | 著 | 2,000 円 |
| 国 際 経 済 学 の 基 礎 「100 項 目」 | 多和田 眞<br>近 藤 健 児 | 編著 | 2,700 円 |
| ファーストステップ経済数学 | 近 藤 健 児 | 著 | 1,600 円 |

(本体価格)

———————— 創 成 社 ————————